Ingrid & Alexander Neukert

Einfach mal vegan

Ingrid & Alexander Neukert

Einfach mal vegan

Küchenzauber – frisch und vollwertig,
unkompliziert und schnell zubereitet

illustriert von Karin Bauer

Dank

Wir möchten uns ganz herzlich bei allen bedanken, die einen wichtigen Beitrag geleistet haben, dass dieses Buch zustande kam. Die Namen führen wir in alphabetischer Reihenfolge auf:

Margit Brauns, Rodolfo Ferretti, Monika Friebolin, Lucia Grässer, Jasmin Mederus, Silke Nofer-Steigert, Uwe Schumacher und Anja Wilhelm.

Ebenso Dank an all unsere Seminar- und Workshopteilnehmer, die mit ihrer Begeisterung und ihrem hartnäckigen Nachfragen, wann das Kochbuch denn endlich fertig sei, bewirkt haben, dass es auch fertig wurde.

Gedankt sei schließlich allen Buchautoren, die uns auf die richtige Spur gebracht haben.

Inhalt

Liebe Leserin, lieber Leser!

Wir heißen Sie herzlich willkommen bei der Lektüre von unserem Buch »Einfach mal vegan«! Als wir es schrieben, überlegten wir, wen das Geschriebene wohl interessieren könnte. Vielleicht gehören Sie zu einer der folgenden Gruppen?

In Gruppe eins findet sich der erfahrene Veganer, der schon viel kennt und einfach auf der Suche nach neuen Rezepten ist. Zu Gruppe zwei gehören diejenigen, die aus weltanschaulichen Gründen, zum Beispiel Tierschutz, Umweltschutz oder Einsatz gegen den Hunger in der Welt, vegan leben wollen, aber noch nicht so recht wissen, wie sie es anfangen sollen. Zur dritten Gruppe zählen all diejenigen, die aus gesundheitlichen Gründen eine andere Form der Ernährung suchen, vielleicht sogar suchen müssen. Dazu kommt die wachsende Gruppe derjenigen, die einfach mal etwas Neues ausprobieren und die Vielfalt ihres Speisezettels vergrößern möchten. Oder gehören Sie am Ende etwa zu denjenigen, die das Buch geschenkt bekamen und erst einmal im Bücherschrank versteckten?

Keine Sorge, Sie sind uns alle herzlich willkommen! Und übrigens: Sobald Sie erst einmal aus unserem Kochbuch drei Brotaufstriche, drei Pizzas, drei Pastagerichte und drei Ofengerichte ausprobiert haben, sind Sie von der veganen Küche sowieso fasziniert! Ganz gleich, ob Sie sich sonst anders ernähren oder immer vegan essen wollen.

Was wir mit diesem Kochbuch wollen

Dieses Kochbuch soll eine inspirierende Anregung sein, ausgetretene Pfade zu verlassen und in die Welt der leckeren veganen Küche hineinzuschnuppern. Sie brauchen dafür nicht gleich zum Veganer zu werden. Uns geht es vielmehr darum, Ihnen mit unserem Kochbuch einen Weg zu zeigen, wie Sie sich auf köstliche Weise gesund ernähren können.

Großen Wert haben wir bei der Zusammenstellung auf die Alltagstauglichkeit der Rezepte gelegt. Alle Gerichte lassen sich deshalb schnell und unkompliziert zubereiten. Wichtig war uns ebenso ein breit gefächertes Angebot an Rezepten: Hier finden alle etwas für ihren Geschmack – sowohl erfahrene Veganer wie auch Einsteiger, Kinder und Skeptiker (oft Männer, die bisher dachten, dass es ohne Fleisch nicht geht) – sogar unser Kater Max ließ sich manchmal dazu hinreißen, Grünkernsuppe aus einem unbewachten Teller zu schlecken.

Uns ist ganz wichtig, jeden zu respektieren, auch denjenigen, der anders denkt und sich anders ernährt. Wir behaupten nicht, dass die vegane Ernährung die einzige Möglichkeit darstellt, sich gesund zu ernähren. Vielmehr wollen wir die Freude und die eigenen guten Erfahrungen weitergeben, die wir mit der veganen Art zu essen mittlerweile schon über 17 Jahre gemacht haben.

So lassen sich beispielsweise alle Rezepte für Familienmitglieder und Gäste, die sich nicht von Fisch, Fleisch, Käse, Milch, Sahne oder Eiern trennen können oder wollen, leicht abwandeln und kombinieren. Und wer weiß: Vielleicht werden sie über den leckeren Geschmack mit der Zeit neugierig ...

Ja, natürlich würden wir am liebsten auch die Welt ein wenig positiv verändern. Unter uns: Haben Sie schon einmal von ihrer Sache überzeugte Idealisten kennengelernt, die das nicht vorgehabt hätten? Unsere Vision: Wenn sich die meisten von uns – neben anderem – vegan ernährten, gäbe es möglicherweise keine Massentierhaltung, keine Überdüngung der Felder und weltweit weniger Hunger. Sicherlich gibt es viele Gründe für letzteren und er wird nicht allein deshalb verschwinden, wenn wir uns vegan ernähren. Doch wenn wir – auch in begrenztem Rahmen – das uns Mögliche tun, können wir trotzdem Positives bewirken. Wir können anderen und uns viel schenken, wenn wir uns mit der Qualität unserer Nahrung beschäftigen.

Viel ließe sich zum Beispiel ebenso erreichen, wenn nicht 40 bis 50 Prozent der produzierten Nahrungsmittel aufgrund von Unwissenheit oder Gedankenlosigkeit hierzulande weggeworfen würden. So wird durchschnittlich ein Drittel des angebauten Obst und Gemüses gar nicht erst geerntet, weil es ästhetischen Erfordernissen oder Handelsnormen nicht entspricht. Und wir bezahlen dies alles nicht nur über den Warenpreis, sondern auch über Subventionen an die Produzenten mit.

Was wir nicht wollen: Dogmas, Zwang, schlechtes Gewissen, Überforderung, Frustration. Uns sind zufriedene Menschen, die gelegentlich etwas anderes essen, wenn sie große Lust darauf haben, lieber als Zeitgenossen, die frustriert ihr Salatblättchen knabbern. Essen Sie Ihr Eis im Sommer oder das Stück Sahnetorte ohne schlechtes Gewissen. Genießen Sie es! Provokant gesagt: Ein Schnitzel im Bauch ist besser, als ständig eines im Kopf zu haben! Sie spüren ohnehin selbst, was Ihnen gut tut und was nicht.

Wir wollen hiermit auch kein wissenschaftliches Werk über vegane Ernährung vorlegen. In den Ernährungswissenschaften ist ohnehin vieles umstritten. Die einen behaupten das, die anderen das Gegenteil – und die meisten haben Studien, die ihre Aussagen untermauern.

Und was jetzt? Jetzt es hängt es von uns ab. Wir können selbst herausfinden, was für uns eine gesunde Art der Ernährung sein kann. Doch keine Sorge: Unsere Sinne, Intuition sowie unser gesunder Menschenverstand schaffen das schon!

Mehr wagen und erleben

Riechen, schmecken, berühren

Eine erhitzte Pfanne mit einem guten mediterranen Olivenöl steht auf Ihrem Herd. Das Öl leuchtet goldgelb und sein herbwürziges Aroma entfaltet sich. Jetzt kommen eine in kleine Würfel geschnittene Zwiebel und Karotte dazu. Ein herrlicher Duft nach Geröstetem breitet sich in Ihrer Küche aus – genau der Duft, bei welchem wir immer denken, dass wir doch eigentlich »nur« Zwiebeln angebraten haben ... Vielleicht mischen Sie noch etwas fein gewürfelten Knoblauch und frischen Rosmarin dazu. Spätestens jetzt entwickelt sich ein magisches Erlebnis in unserer Nase: Es riecht wunderbar nach Sonne, Sommer, Süden, Mittelmeer, Urlaub ... ach, wäre man doch gerade dort!

Dann geben Sie eine in größere Würfel geschnittene Aubergine, Zucchini sowie rote Paprika dazu, braten alles mit an und würzen mit frisch gemahlenem schwarzen Pfeffer und etwas Meersalz. Nach etwa zehn Minuten, in welchen es immer verheißungsvoller nach gutem Essen duftet, fügen Sie ein bis zwei Prisen Currypulver hinzu und einen halben Teelöffel mildes Paprikapulver, vielleicht noch etwas frisch geriebene Muskatnuss. Mehr und mehr Aromen entfalten sich, werden vielfältiger und intensiver.

Jetzt geben Sie zwei in kleine Würfel geschnittene Tomaten dazu – lassen Sie nur einmal diese Farben auf sich wirken: Rot, Goldgelb, Grün, Braun, Orange – es hat beinahe etwas mit Kunst zu tun, auf jeden Fall mit Kreativität!

Schmecken Sie dann mit Salz und Pfeffer ab und geben zum Verfeinern noch etwas natives Olivenöl darüber. Vielleicht haben Sie währenddessen Spaghetti al dente oder Reis gekocht? Oder vom Vortag übrig? Vermischen Sie alles in der Pfanne, lassen es einen Augenblick ziehen – und dann, mit etwas sehr fein gehacktem Rosmarin bestreut, anrichten und genießen! Um die Gabel gewickelte Spaghetti mit herrlicher Sauce und bunten Gemüsewürfeln ... läuft Ihnen da nicht das Wasser im Mund zusammen? Ein wunderbares Geschmackserlebnis. Und die Farben für die Augen! Das bekommen Sie in keinem Restaurant besser!

So, und jetzt wissen Sie, warum wir uns seit 17 Jahren vegan ernähren. Es schmeckt einfach wunderbar, ist schnell zubereitet, leicht und gesund. Für uns bedeutet »nur« pflanzliches Essen nicht Verzicht, sondern Gewinn. Neue und intensive Geschmackserlebnisse tun sich auf. Oft sind wir in unserem Denken eingefahren und meinen, so oder so müsste etwas sein. »Ein Essen ohne Fleisch, Fisch, Sahne, Käse – um Himmels willen, ja was esst ihr denn dann?« hörten und hören wir immer wieder. Wer den Reichtum der veganen Küche und die unendliche Vielfalt der wunderbaren Zutaten kennt, kann darüber schmunzeln.

Ja, natürlich spielt auch der Gesundheitsaspekt eine Rolle. Das Risiko, Herz-Kreislauf-Erkrankungen und Stoffwechselstörungen zu bekommen, ist bei veganer Ernährung statistisch kleiner als bei nichtvegetarischer Kost. Dies gilt ebenso für Krebs und Rheuma. In Obst, Gemüse und Samen wie Getreide, Hülsenfrüchten, Nüssen, Kernen oder Saaten sind bis auf Vitamin B_{12} alle lebenswichtigen Vitamine, Mineralstoffe, Ballaststoffe sowie Amino- und Fettsäuren enthalten.

Doch mal ehrlich: Wollten Sie jeden Tag etwas essen, das zwar biochemisch betrachtet gesund ist, Ihnen jedoch überhaupt nicht schmeckt? Wir sind uns sicher einig, dass dies unsere Lebensqualität nicht gerade erhöhen würde. Darüber hinaus führen Zwänge zu Stress und Frustration und diese wiederum zu Krankheiten. So kann die gesündeste Ernährung im Ergebnis doch ungesund sein. Am besten ist deshalb immer beides: Das Essen muss schmecken und gut tun!

Genau das ist unsere Philosophie und das Motto dieses Buches: Vegane Ernährung soll Spaß machen (Sie fühlen sich jetzt hoffentlich weder gestresst noch zu etwas gezwungen)!

Selbst kochen

»Muss man da kochen können?« lautete einmal eine Frage während eines unserer Seminare über vegane Ernährung. Ja, es empfiehlt sich, kochen zu können. Wie es auch von Vorteil ist, zu wissen, wie man seine Zähne putzt, im Internet surft und SMS verschickt, wie man rechnet, schreibt, liest und Auto fährt. Kochen zu können hat Vorteile im Leben: Es macht Spaß, man weiß, was im Essen ist, und es schmeckt gut. Und nebenbei spart man noch Geld. Unsere Rezepte sind so einfach und leicht zuzubereiten, dass alle – gerade auch Neulinge und Anfänger – bestens damit zurechtkommen. Nur Mut!

»In einer modernen Familie ist das aber nicht möglich! Wir arbeiten beide und die Kinder kommen unterschiedlich nach Hause.« Natürlich ist das ein Argument. Doch für wie wichtig halten wir unsere Ernährung? Wie viel Wert legen wir darauf, unsere Gesundheit zu erhalten oder wiederherzustellen?

Wir sind krankenversichert, rentenversichert, lebensversichert, doch das Hauptsächliche vergessen wir oft: Die eigentliche Lebensversicherung ist unsere Gesundheit und diese gilt es zu erhalten und zu stärken. Dabei helfen uns Versicherungen zunächst einmal kaum, denn nur der Krankheitsfall ist versichert.

Doch wollen Sie krank sein oder früh streben, damit sich Ihre Versicherungsausgaben für Sie persönlich »lohnen«? Hoffentlich nicht!

Anderes Argument: Wie viel Zeit verwenden wir täglich, um zu telefonieren, fernzusehen, im Internet zu surfen, schlechte Nachrichten anzuhören oder zu lesen, uns zu stylen, uns aufzuregen, frustriert zu sein, Angst vor dem Älterwerden, vor Krankheit und Pflegebedürftigkeit zu haben? Alles kann wichtig, notwendig und schön sein, warum also nicht sich selbst etwas zu kochen? Kinder mögen es nach unserer Erfahrung (in der eigenen Familie und bei Veranstaltungen in Schulen), wenn sie mithelfen dürfen. Sie essen anschließend auch lieber davon. Zudem verbringen wir auf diese Weise sinnvoll Zeit mit ihnen – gerade dann, wenn wir meinen, wenig davon zu haben.

Machen wir uns also bewusst: Wenn wir uns gesund ernähren, tun wir das für uns. Wir möchten Sie mit unseren Rezepten ermutigen, Gewohntes auch einmal anders zu sehen und Unbekanntes zu wagen – wer weiß, es könnte doch gelingen!

Einfachheit

Je einfacher wir denken, leben und kochen, desto besser geht es uns, unserem Körper und unserer Umwelt. Zu einfach, um wahr zu sein?

Während eines Vortrages sagte uns einmal eine Teilnehmerin, dass ihr das Gesagte jetzt aber zu einfach sei. Das könne sie nicht glauben! – Warum eigentlich nicht? Muss etwas kompliziert sein, damit wir es für wahr halten?

»Das Wesentliche ist immer einfach«, sagte sinngemäß schon der Philosoph und Naturforscher Georg Christoph Lichtenberg (1742 – 1799).

Die meisten Weisen, Ärzte, Heiler und zufriedenen Menschen der Vergangenheit und Gegenwart sind sich darin einig, dass gesund zu leben häufig bedeutet, einfach zu leben. Die Spanne hierbei reicht von unaufwendiger Ausgewogenheit unserer Ernährung bis zu einer harmonischen Lebensführung, die all unsere wesentlichen Bedürfnisse befriedigt. Glück bedeutet nicht immer, wenn wir alles, was sich uns bietet, konsumieren oder tun. Vielmehr sollten wir das Richtige auswählen. Ernähren wir uns lieber mit frischen hochwertigen Nahrungsmitteln, die wunderbar schmecken und die Nährstoffe enthalten, die wir auch wirklich brauchen, anstatt all das zu uns zu nehmen, das zwar angeboten und von anderen gegessen wird, uns aber nicht gut tut. Wie es auch sonst im Leben nicht darauf ankommt, nach allem zu greifen, das irgendwie erreichbar ist, sondern nach dem, das uns zufrieden und glücklich macht.

Natürlich frisch

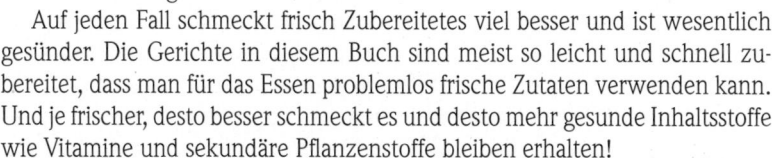

Ob Obst und Gemüse aus Konserven, das zwischen zwei und zehn Jahre haltbar ist, mit zunehmendem Alter noch viele gesunde Nährstoffe enthält?

Auf jeden Fall schmeckt frisch Zubereitetes viel besser und ist wesentlich gesünder. Die Gerichte in diesem Buch sind meist so leicht und schnell zubereitet, dass man für das Essen problemlos frische Zutaten verwenden kann. Und je frischer, desto besser schmeckt es und desto mehr gesunde Inhaltsstoffe wie Vitamine und sekundäre Pflanzenstoffe bleiben erhalten!

Übrigens: Lebt man hauptsächlich von auf dem Markt eingekauftem Obst und Gemüse, reduziert sich der Verpackungsmüll enorm! Mit weniger Müll sparen Sie Geld, schonen die Energieressourcen bei der Herstellung, vermeiden gefährliche Gifte bei der Müllentsorgung und leisten so einen großen Beitrag, dass zum Beispiel das Ozonloch nicht größer wird. Weltverbesserungsromantik? Eher Realismus. Denn man kann nur selbst im eigenen Bereich anfangen, das zu tun, was man gerne im Großen geändert hätte.

Aus ökologischem Anbau

Im Folgenden einige Gründe, warum wir unsere Gerichte mit Lebensmitteln aus ökologischem Anbau
zubereiten und auch Ihnen diese gute Wahl empfehlen.

- Mehr Geschmack: Gemüse und Obst aus ökologischem
  Anbau enthalten durchschnittlich mehr natürliche
  geschmacksgebende Substanzen als konventionell
  angebaute Pflanzen.
- Keine künstlichen Zusätze und Geschmacksstoffe: Bio-
  Lebensmittel bekommen ihre Aromen aus der Natur,
  nicht künstlich aus der chemischen Industrie. Der Geschmacksverstärker Glutamat und der Süßstoff Aspartam
  intensivieren in vielen konventionellen Fertiggerichten nicht
  nur künstlich den Geschmack, sondern auch unseren Appetit. Daneben
  stehen sie im Verdacht, Allergien, Nahrungsmittelunverträglichkeiten, Kopfschmerzen oder das Aufmerksamkeitsdefizitsyndrom (mit Hyperaktivität)
  hervorzurufen.
- Gut für die Gesundheit: Lebensmittel aus ökologischem Anbau enthalten
  durchschnittlich mehr gesundheitsfördernde sekundäre Pflanzenstoffe als
  konventionell angebautes Gemüse und Obst. Sie stärken so den Körper und
  setzen dadurch viele neue Kräfte frei.
- Ästhetik: Obst und Gemüse mit Charakter! Uns stört es nicht, wenn Obst
  und Gemüse nicht perfekt aussehen, unregelmäßig gewachsen sind, ein
  paar Farbflecke haben. Nichts ist perfekt – wir sind es auch nicht. Genau
  diese Mischung aus unseren Stärken und Schwächen macht uns aus. Und
  genauso verhält es sich mit allem, was aus der Natur kommt.
- Achtsamer Umgang mit der Natur: Anders als es bei konventioneller Land-
  wirtschaft meist der Fall ist, erhält ökologischer Anbau die Humusschicht
  auf den Feldern und damit die Fruchtbarkeit der Erde. Bio-Landbau schont
  die Energieressourcen und damit auch die Umwelt und das Klima!

Es gäbe noch viele Aspekte zu nennen, doch würde es den Rahmen
unseres Kochbuchs sprengen. So möchten wir auf
unsere Literaturtipps, siehe Seite 191, verweisen.
Bei einer entsprechenden Lebensmittelauswahl,
die zum Beispiel saisonale und regionale Angebote
berücksichtigt, können sich Bio übrigens auch
Menschen mit niedrigem Einkommen leisten.
Auch wir haben mit Kartoffeln, Karotten, Zwiebeln und Äpfeln begonnen.

Natürliches Wohlfühlgewicht

Übergewichtige Menschen sind oft unter-
ernährt: Das klingt vielleicht zunächst absurd.
Doch machen wir uns bewusst: Zwar haben
wir in unserer Wohlstandsgesellschaft eine
üppige Vielfalt an Nahrungsmitteln und essen
oft auch sehr viel davon, doch manchmal eben
nicht das, was unser Körper wirklich braucht.

So ist Übergewicht meist ein Zeichen von zu viel
Essen, kann aber zugleich auch einen Mangel an Vitaminen und Mineral-
stoffen spiegeln. Denn wie sollen sich unsere Knochen aus Weißmehl und
weißem Zucker aufbauen? Diese enthalten keine Mineralstoffe und Vitamine.
Wie soll unsere Bauchspeicheldrüse oder Leber das Übermaß an Zucker und
Fett bewältigen, welches in fertigen Produkten wie Torten, Wurst, Desserts,
Schokolade, Marmeladen, Sahnesaucen, Eis, Limonaden, Keksen oder Fast
Food enthalten sein kann?

Darüber hinaus finden in solchen Produkten oft minderwertige Ersatzstoffe
Verwendung statt der bekannten Lebensmittel, die wir zu Hause gebrauchen.
Gerade bezüglich Zucker und Fetten spielt das eine Rolle. Die Gründe: Kalo-
rienreduktion, Vorteile bei der Produktion oder Gewinnoptimierung.

Gerade im Bereich der Lightprodukte nehmen wir auf diesem Weg künstliche Süßstoffe wie Aspartam und ähnliche Zusatzstoffe zu uns, welche laut
Werbung unser Gewicht gesund reduzieren sollen, aber genau das Gegenteil
tun. Sie füllen zwar den Bauch, enthalten aber nichts, das uns wirklich ernährt. Der Heißhunger unseres Körpers nimmt zu. Schließlich fehlen ihm die
benötigten Nährstoffe. Häufig enthalten konventionelle Fertigprodukte auch
Geschmacksverstärker, zum Beispiel Glutamat, und andere künstliche Stoffe,
von denen man annimmt, dass sie den Appetit steigern und das natürliche
Sättigungsgefühl beeinträchtigen. Sie könnten unter anderem wichtige Gründe
dafür sein, warum Schokoladen- und Chipspackungen selten noch einmal ge-
schlossen werden müssen.

Wenn Sie großes Verlangen nach Süßem haben, sehen Sie sich doch einmal
um, was in der Natur ohne isolierten weißen Zucker süß ist. Obst! Und das ist
gesund und enthält viele Nährstoffe, Vitamine und Mineralien. Entsprechend
fehlen bei Verlangen nach Salzigem häufig Mineralstoffe. Salzig in der Natur
schmeckt beispielsweise Sellerie, der sehr viele lebenswichtige Mineralstoffe
enthält.

Gesund leben

Wie wir mit den Jahren auch an uns und unseren Kursteilnehmern feststellen durften, kann die vegane Ernährung einen wichtigen Beitrag zum Gesundsein oder Gesundwerden leisten. Allgemein lässt sich zusammenfassen, dass eine ausgewogene und individuell passend zusammengestellte pflanzliche Kost mit viel Obst, Gemüse, Vollkorngetreide und Nüssen das Risiko für Übergewicht, Bluthochdruck und Herz-Kreislauf-Erkrankungen, für Stoffwechselleiden wie Gicht sowie Diabetes mellitus senken kann.

In unserer Wohlstandsgesellschaft sterben leider immer noch die meisten Menschen an den Folgen von Herz-Kreislauf-Erkrankungen. Unter den Risikofaktoren ist eine ungünstige Ernährung ein wichtiger Faktor. Vor allem tierische Fette und ein Zuviel an Cholesterin spielen hierbei wichtige Rollen, denn sie können die Durchblutung der Herzkranzgefäße massiv beeinträchtigen. Nimmt man diese erst gar nicht zu sich, verkleinert sich das Risiko stark. Die Herzkranzgefäße verfetten nicht so leicht und das Herz kann ausreichend mit Blut versorgt werden.

Während unserer langjährigen Unterrichts- und Beratungstätigkeit konnten wir oft auch erleben, dass sich sowohl ein erhöhter Cholesterinspiegel wie auch Blutzuckerspiegel bei Diabetes mellitus wieder auf ein gesundes Maß einpendelten, sobald sich der Betroffene vorzugsweise von frischem Obst und Gemüse, vollwertigem Getreide, hochwertigen Pflanzenölen, Hülsenfrüchten, Nüssen und Saaten ernährte. Deshalb spielen all diese genannten Nahrungsmittel bei unseren in diesem Buch gesammelten Rezepten eine wichtig Rolle.

Ein weiteres Beispiel ist die Stoffwechselkrankheit Gicht: ein erhöhter Harnsäurespiegel im Blut, der auf lange Sicht Gelenke und Knochen sowie die Niere schädigt. Bei den meisten Gichtbetroffenen liegt eine erbliche Veranlagung zugrunde, doch sind es verschiedene äußere (Ernährungs-)Faktoren, welche die Krankheit zum Ausbruch bringen. In früheren Zeiten, wie im Mittelalter, in der Renaissance oder im Barock, bekamen diese Krankheit meist nur begüterte Menschen wie beispielsweise reiche Kaufleute, Adlige oder Kirchenfürsten. Denn nur sie hatten das nötige Geld, um die teuren krankheitsauslösenden Nahrungsmittel im Übermaß konsumieren zu können: Tierische, fettreiche Nahrungsmittel, vor allem Fleisch, und Alkohol galten hierbei als besonders belastend. Heute aber gibt es in den reichen Industrienationen auf breiter Basis genau diese Nahrungsmittel jeden Tag im Überfluss. Also kann es nicht verwundern, dass hierzulande viele Menschen unter Gichtbeschwerden leiden.

Auch viele Verdauungsprobleme, wie Durchfall oder Verstopfung, hängen oft mit Nahrungsmittelunverträglichkeiten, ungünstiger Ernährung sowie einseitiger Zusammenstellung der Nahrungsmittel in den Gerichten zusammen. So ist es zum Beispiel normal, dass weltweit gesehen die allermeisten Menschen Milch- und Milchprodukte nicht vertragen, weil ihnen das Enzym, das zur Verdauung nötig ist, nach Ende des Säuglingsalters zunehmend fehlt. So gilt die Unverträglichkeit von Milch und deren Produkte bei vielen Menschen schon lange als Ursache von Verdauungsbeschwerden wie Durchfall, Verstopfung und Blähungen. Aber auch Hautkrankheiten wie unreine Haut, Akne, Allergien und Ekzeme können sich bei Milchunverträglichkeit einstellen. Ebenso können wir in der Homöopathie Zusammenhänge zwischen Kopfschmerzen, Erkältungen sowie Asthma und Milchunverträglichkeit beobachten. Obwohl viele Menschen ein Verlangen nach Milch und Milchprodukten haben, kann Tiermilch vielfach nur unvollkommen oder gar nicht vom Menschen verdaut und das wertvolle Kalzium aus der Milch letztendlich kaum aufgenommen werden.

Ebenso bekannt ist die drogenartige Wirkung des weißen Zuckers. Wie bei einem Strohfeuer gibt er schnell Energie, die aber ebenso schnell wieder verpufft. Beobachten Sie einmal Kinder an Weihnachten oder Kindergeburtstagen, sobald verstärkt Süßigkeiten mit weißem Zucker ins Spiel kommen: Schnell wird die Stimmung äußerst lebhaft, bevor sie dann in Quengeleien und Streit umschlägt. Ist die Energie verbraucht, breiten sich Langeweile und Apathie aus, welche sich oft genug resistent gegen die Animation der Eltern erweist. Essen die Kinder dagegen Obst, geschieht dies in den meisten Fällen nicht.

Auch Kindern mit Aufmerksamkeitsdefizitstörung (mit Hyperaktivität, ADHS) ging es im Rahmen von Untersuchungen oft besser, wenn sie etwas weniger oder keinen weißen Zucker aßen. Andere Erfahrungen weisen darauf hin, dass ein starkes Auf und Ab des Blutzuckerspiegels, zu dem es beispielsweise bei einer Ernährung, die reich an weißem Zucker und Auszugsmehl ist, kommen kann, die Infektanfälligkeit erhöht. Bei einer vollwertigen Ernährung auf Grundlage von Vollkornprodukten und natürlichen Süßungsmitteln wie süßem Obst schwankt der Blutzuckerspiegel weniger extrem   wir sind dadurch widerstandsfähiger.

Womit wir gute Erfahrungen gemacht haben

Zusammenfassend empfehlen wir Ihnen aufgrund unserer eigenen guten Erfahrungen, einen hohen Anteil an Rohkost, zum Beispiel in Form von frischen Salaten und Obst, reichlich Wurzelgemüse und anderes Gemüse, vollwertiges Getreide, Hülsenfrüchte wie Linsen oder Bohnen, Nüsse, Kerne und Saaten zu sich nehmen – am besten aus ökologischem Anbau. Achten Sie auf eine vielfältige, bunte Auswahl, möglichst saisonal, abwechslungsreich und mit Produkten aus Ihrer Region. Auf dieser Basis können Sie Ihren Körper gut mit vielen wichtigen Nährstoffen versorgen. Wer reichlich frisches Obst und Gemüse verzehrt – insbesondere dann, wenn es hierzulande reif, aromatisch und verheißungsvoll auf dem Markt in seiner ganzen Fülle lockt –, nimmt zugleich eine Vielzahl gesundheitsförderlicher sekundärer Pflanzenstoffe auf und stärkt damit Körper, Geist und Seele. Stark verarbeitete Nahrungsmittel wie Fertigprodukte, weißen Zucker, Auszugsmehl und Produkte daraus sollten Sie möglichst vermeiden.

Daneben haben wir gute Erfahrungen damit gemacht, frisches Obst auf nüchternen Magen, pur und nicht kombiniert mit anderem, am besten morgens und am Vormittag zu essen. Also dann, wenn wir richtig Hunger haben. Obst ist leicht verdaulich und unterstützt zu dieser Tageszeit die Ausscheidungsphase des Körpers. Viele Menschen, die Obst sonst eher nicht vertragen, können es auf diese Weise gut verdauen.

Darüber hinaus konnten wir in den vielen Jahren unserer veganen Ernährungsweise feststellen, dass es von großem Wert für uns ist, kohlenhydratreiche Lebensmittel (zum Beispiel Brot, Nudeln, Getreidegerichte oder Kartoffeln) nicht unbedingt mit bestimmten eiweißreichen Lebensmitteln (vor allem Soja und Sojaprodukte, andere Hülsenfrüchte, insbesondere getrocknete Bohnen, oder Nüsse) zu kombinieren. Dies bringt viele Vorteile mit sich: Nach dem Essen fühlen wir uns fit und nicht reif für den Verdauungsschlaf. Mit der Zeit – wie von selbst – findet der Körper sein Wohlfühlgewicht. Unser Gesundheitsempfinden wird positiv beeinflusst, eventuell vorhandene Gesundheitsprobleme können sich verringern. Diese wunderbaren Entwicklungen konnten und können wir nicht nur an uns selbst, sondern ebenso mit vielen Kursteilnehmern und Beratungskunden erleben (siehe auch Seite 190).

Mit den Tipps aus unserer eigenen Ernährung und unseren langjährigen guten Erfahrungen möchten wir Sie ermutigen und ermuntern, Ihren ganz persönlichen Weg zu gehen und eine individuell für Sie passende Ernährung zu finden. Wir wünschen Ihnen viel Spaß beim Kochen und Genießen!

Ihre Ingrid & Alexander Neukert

Mengenangaben und Umgang mit Gewürzen in unseren Rezepten

Beim Kochen und Zubereiten von Essen handelt es sich um kreative Vorgänge. Hierbei entsteht aus dem Eigengeschmack der Zutaten und den Aromen der Gewürze ein Geschmackserlebnis mit ganz eigenem Charakter. Und oftmals ergibt sich gerade aus dem Ausprobieren etwas Neues, Wunderbares.

Aus diesem Grund ist es uns wichtig, Sie mit unseren Rezepten genau dazu zu animieren. Die Mengenangaben der Zutaten und der Gewürze verstehen wir deshalb immer als eine Art Grundgerüst, das Sie aber auf jeden Fall am besten ganz nach Ihrem eigenen Geschmack gestalten. Ebenso sollen die Rezepte gemäß unserem Buchtitel »Einfach mal vegan« auch einfach und unkompliziert zubereitet werden können. So haben wir neben der Mengenangabe in Gramm oder Milliliter bewusst oft zusätzlich Mengenangaben gewählt (zum Beispiel »etwas«, »Tasse«, »Glas«), die Ihnen genügend Spielraum für Ihren individuellen Geschmack lassen und gleichzeitig leicht und einfach abzumessen sind.

Übrigens: Vielleicht werden Sie sich wundern, dass in vielen Rezepten obligatorisch eine Messerspitze Currypulver dabei ist? In unserer langjährigen Kocherfahrung hat sich herausgestellt, dass diese Messerspitze Curry gerade in der veganen Küche eine angenehme Intensivierung des Gesamtaromas bewirkt, ohne sich jedoch in den Vordergrund zu drängen.

Vielleicht auch noch ein Wort zu Pfeffer und Salz: Insbesondere wenn man für mehrere Leute kocht, merkt man in der Regel schnell, wie unterschiedlich das Geschmacksempfinden ist. Was dem einen wunderbar schmeckt, erscheint dem anderen zu scharf oder zu zart. Deshalb sollten Sie beim Würzen mit Salz und Pfeffer besonders darauf achten, dass die Mengen Ihren eigenen Vorlieben entsprechen.

Pasta

Spaghetti mit Tomatensauce

Der Klassiker aller Pastagerichte

für 2 bis 3 Personen

250 g Vollkorn-Spaghetti
Meersalz
1 Zwiebel
natives Olivenöl extra
1 Karotte
1 kg frische, reife Tomaten oder 300 – 400 g passierte Tomaten
1 TL Vollkornsemmelbrösel
frische Kräuter (zum Beispiel Oregano, Basilikum, Petersilie, Rosmarin)
frisch gemahlener Pfeffer
frisch geriebener Muskat
edelsüßes Paprikapulver
1 Prise Currypulver
1 Knoblauchzehe
eventuell 1 Schuss Rotwein

- Die Spaghetti nach Packungsanleitung in reichlich Salzwasser al dente, also bissfest garen. Anschließend gut abtropfen lassen.
- Währenddessen die Zwiebel schälen, klein schneiden und in etwas Olivenöl anschwitzen. Die klein gewürfelte Karotte dazugeben und mitdünsten. Die Tomaten in Stücke schneiden, dabei die Strünke entfernen, und die Tomaten zusammen mit den Semmelbröseln, 4 – 5 Prisen Meersalz und den Gewürzen zur Zwiebel geben.
- Die Sauce sollte dann etwa 10 Minuten bei schwacher Hitze köcheln, bevor man sie mit dem Mixstab gut durchpüriert.
- Die geschälte und fein gehackte Knoblauchzehe dazugeben (und – falls gewünscht – noch einen Schuss Rotwein). Und das war's schon!
- Die Sauce mit den Spaghetti servieren.

Rigatoni mit sommerlicher Gemüsesauce

Lecker, leicht – ein Gericht für alle Gelegenheiten

für 2 bis 3 Personen

250 g Vollkorn-Rigatoni
Meersalz
1 Zwiebel
1 Karotte
2 mittelgroße Auberginen
2 mittelgroße Zucchini
1 gelbe Paprikaschote
1 Stange Staudensellerie
1 kg frische, reife Tomaten oder etwa 500 g passierte Tomaten
frische Kräuter (zum Beispiel Oregano, Basilikum, Petersilie, Rosmarin)
natives Olivenöl extra
frisch gemahlener Pfeffer
etwas frisch geriebener Muskat
½ TL edelsüßes Paprikapulver
1 Prise Currypulver
1 Knoblauchzehe
½ Handvoll frischer Rucola

- Die Rigatoni nach Packungsanleitung in genügend Salzwasser al dente, also bissfest garen. Anschließend gut abtropfen lassen.
- Die Zwiebel schälen und klein schneiden. Karotte, Auberginen, Zucchini, Paprika und Staudensellerie putzen und klein würfeln. Die Tomaten in Stücke schneiden und dabei die Strünke entfernen. Die Kräuter je nach Art zerkleinern.
- Die Zwiebel in etwas Olivenöl anschwitzen. Die klein gewürfelten Gemüse ohne Tomaten zugeben und mitdünsten. Anschließend kommen die Tomaten, die Gewürze, etwa 5 Prisen Meersalz und die Kräuter dazu. Die Sauce sollte dann etwa 10 Minuten bei schwacher Hitze köcheln.
- Die Knoblauchzehe schälen, fein hacken und dazugeben.
- Die Sauce mit den Nudeln und dem mundgerecht zerkleinerten Rucola anrichten.

Pasta all'arrabbiata

Die wütende Pasta – für alle, die es scharf mögen

für 2 bis 3 Personen

250 g Vollkorn-Nudeln Ihrer Wahl
Meersalz
5 frische, reife Tomaten oder 300 – 400 g passierte Tomaten
1 Zwiebel
natives Olivenöl extra
frisch gemahlener schwarzer Pfeffer
½ TL edelsüßes Paprikapulver
etwas frisch geriebener Muskat
3 Knoblauchzehen
¼ – 1 frische Peperonischote
  (je nach Schärfe; wichtig: probieren Sie die Peperoni unbedingt vorher,
  da die Schoten unterschiedlich scharf sein können; es kann auch schon
  mal etwas weniger Peperoni reichen)
1 – 2 EL frisch gehackte Kräuter
  (zum Beispiel Petersilie, Basilikum, Oregano)

- Die Nudeln nach Packungsanleitung in reichlich Salzwasser bissfest garen. Tipp: Die Kochdauer beträgt meist 1 Minute weniger, als auf der Packung angegeben ist.
- Währenddessen die Tomaten mit heißem Wasser überbrühen, dann schälen und in Stücke schneiden. Die Zwiebel schälen, in kleine Würfel schneiden und danach mit etwas Olivenöl und frisch gemahlenem Pfeffer anschwitzen. Dann mit etwa ½ TL Meersalz, Paprikapulver und etwas Muskat würzen. Unter ständigem Rühren sehr kurz anrösten. So entfalten sich die Gewürzaromen am besten. Doch Vorsicht: Paprika verbrennt schnell. Jetzt die Tomaten dazugeben und 10 – 15 Minuten köcheln lassen. Danach mit dem Mixstab die Sauce gut durchmischen.
- In einer separaten Pfanne die geschälten und in dünne Scheiben geschnittenen Knoblauchzehen sowie die klein geschnittene, entkernte Peperoni in reichlich Olivenöl anschwitzen. Die Knoblauchscheiben dürfen leicht bräunen, sollten jedoch nicht verbrennen.
- Die Tomatensauce, die Kräuter und die Nudeln dazugeben, vermischen und noch einen Moment auf der Hitzequelle stehen lassen, dann sofort servieren.

Penne mit Brokkoli und Zitrone

In den Mittelmeerländern sind die Menschen nach wie vor weniger
herzkrank als hierzulande. Eine wichtige Rolle spielt dabei die Ernährung:
wenig Fleisch, gesundes Olivenöl und frisches Gemüse. Besonders
gut eignet sich Brokkoli, um schweren Krankheiten vorzubeugen.

für 2 bis 3 Personen

250 g Vollkorn-Penne
Meersalz
1 Zwiebel
natives Olivenöl extra
2 Knoblauchzehen
1 mittelgroßer Brokkoli
frisch gemahlener schwarzer Pfeffer
abgeriebene Schale einer unbehandelten Zitrone (in Zesten)
1 Prise Currypulver
  (etwas Currypulver intensiviert den Geschmack des Gemüses,
  allerdings darf es nicht in den Vordergrund treten)
½ TL Rosmarin (am besten frisch)
etwas Wasser
frisch gepresster Saft einer halben Zitrone,
  je nach Geschmack auch einer ganzen Zitrone
etwas frische glattblättrige Petersilie zum Garnieren

- Die Penne nach Packungsanleitung in reichlich Salzwasser bissfest garen.
- Währenddessen die Zwiebel schälen, klein würfeln und in einer Pfanne
  anschwitzen. Verwenden Sie ruhig großzügig Olivenöl hierzu.
- Knoblauch schälen und klein schneiden, Brokkoli in Röschen teilen. Knoblauch, Brokkoli, etwa ½ TL Meersalz und Pfeffer zur Zwiebel geben. Dann
  die mit dem Zestenreißer abgezogene Zitronenschale, das Currypulver und
  den Rosmarin dazugeben. Alles kurz ziehen lassen, mit wenig Wasser ablöschen und die Flüssigkeit etwas einkochen lassen.
- Die Pfanne von der Hitzequelle nehmen, den Zitronensaft ganz zum Schluss
  hinzufügen (es darf auf keinen Fall mehr kochen!) und die Brokkoliröschen
  eventuell leicht zerdrücken – das Pastagericht wird so etwas homogener.
- Die Penne mit allem gut vermischen und mit gehackter Petersilie anrichten.

Tagliatelle al limone

Erfrischendes aus der mediterranen Küche

für 2 bis 3 Personen

250 g Vollkorn-Tagliatelle
Meersalz
1 Zwiebel
½ TL Rosmarin (am besten frisch)
natives Olivenöl extra
1 Knoblauchzehe
frisch gemahlener schwarzer Pfeffer
abgeriebene Schale einer unbehandelten Zitrone (in Zesten)
etwas Wasser
frisch gepresster Saft einer halben Zitrone,
*   je nach Geschmack auch einer ganzen Zitrone*

- Die Tagliatelle nach Packungsanleitung in reichlich Salzwasser bissfest garen.
- Währenddessen die Zwiebel schälen, klein würfeln und mit dem Rosmarin in der Pfanne anschwitzen. Verwenden Sie ruhig großzügig Olivenöl hierzu.
- Knoblauch schälen, klein schneiden und mit etwa ½ TL Meersalz und Pfeffer zur Zwiebel geben. Dann die mit dem Zestenreißer abgezogene Zitronenschale hinzugeben, kurz ziehen lassen, mit etwas Wasser ablöschen (sodass der Pfannenboden bedeckt ist) und etwas einkochen lassen.
- Die Pfanne von der Hitzequelle nehmen, den Zitronensaft hinzufügen und die bissfest gekochten und abgegossenen Tagliatelle mit allem gut vermischen.

 Tipp: *Wenn Sie keinen Zestenreißer zur Hand haben, schälen Sie die Zitrone doch einfach vorsichtig mit einem scharfen Messer und hacken die Schale anschließend sehr fein.*

Pasta alla Sophia Loren ...

Eine Pasta mit besonderem Temperament

für 2 bis 3 Personen

250 g Vollkorn-Nudeln Ihrer Wahl
Meersalz
5 frische, reife Tomaten oder 300 g passierte Tomaten
1 Zwiebel
natives Olivenöl extra
frisch gemahlener schwarzer Pfeffer
edelsüßes Paprikapulver
1 – 2 Messerspitzen Cayennepfeffer
1 – 2 Messerspitzen gemahlene Gewürznelken
1 Lorbeerblatt
etwas frisch geriebener Muskat
1 Knoblauchzehe
eventuell 1 Schuss kräftiger Rotwein
   (zum Beispiel Sangiovese oder Chianti)
100 g entsteinte grüne Oliven
2 mittelgroße Karotten

- Die Pasta nach Packungsanleitung in reichlich Salzwasser bissfest garen.
- Währenddessen die Tomaten mit heißem Wasser überbrühen, dann schälen und in Stücke schneiden. Die Zwiebel schälen, klein würfeln und mit etwas Olivenöl und frisch gemahlenem Pfeffer anschwitzen.
- Dann würzen mit 4 – 5 Prisen Salz, Paprika, Cayennepfeffer, Gewürznelken, dem Lorbeerblatt und etwas frisch geriebenem Muskat. Unter ständigem Rühren sehr kurz anrösten. So entfalten sich die Gewürzaromen am besten. Vorsicht: Paprika verbrennt schnell.
- Anschließend die Tomaten dazugeben und 10 – 15 Minuten köcheln lassen.
- Den Knoblauch schälen, sehr klein schneiden und kurz vor dem Ende der Garzeit in die Sauce geben. Danach gegebenenfalls den Rotwein (je nach Geschmack) dazugeben, das Lorbeerblatt entfernen und die Sauce mit dem Mixstab pürieren. Die in Scheiben geschnittenen Oliven hinzufügen.
- Zum Schluss die Karotten sehr fein reiben und in die Sauce geben. Die Sauce darf nicht mehr kochen und sollte von der Hitzequelle weg sein. So bleiben viele Vitamine erhalten.
- Die Sauce mit den al dente gegarten und abgegossenen Nudeln servieren.

Rigatoni in kräftiger Sauce

Pikant mit schwarzen Oliven und getrockneten Tomaten

für 2 bis 3 Personen

200 g frische, reife Tomaten
oder 200 g passierte Tomaten
50 g getrocknete Tomaten
1 Zwiebel
1 Knoblauchzehe
natives Olivenöl extra
Meersalz
etwa 10 Körner frisch gemörserter schwarzer Pfeffer
frisch geriebener Muskat
½ TL edelsüßes Paprikapulver
etwa 120 ml kräftiger Rotwein (zum Beispiel Sangiovese oder Chianti)
oder etwa 100 ml Wasser
100 g schwarze Oliven mit kräftigem Aroma
250 g Vollkorn-Rigatoni
frisches Basilikum

- Die frischen und getrockneten Tomaten in Würfel schneiden. Die Zwiebel und den Knoblauch schälen, klein schneiden und in einer Pfanne mit Olivenöl anschwitzen.
- Danach die Tomaten dazugeben, mit etwa ½ TL Meersalz und den Gewürzen abschmecken und mit dem Rotwein oder Wasser ablöschen. Etwa 10 Minuten köcheln lassen. Die schwarzen Oliven entsteinen und dazugeben.
- Währenddessen die Rigatoni nach Packungsanleitung in reichlich Salzwasser bis etwa 1 Minute vor Ende der Garzeiten kochen, dann abgießen. Zur Sauce in die Pfanne geben, vermischen und noch etwa 1 Minute ziehen lassen. Zum Schluss die ganzen oder klein gezupften Basilikumblätter darüberstreuen.

 Tipp: *Der besondere Charakter der Sauce entsteht im Zusammenspiel von Rotwein und schwarzen Oliven. Wenn Sie keinen Wein verwenden wollen, schmeckt die Sauce aber – dann zwar etwas weniger kräftig – trotzdem sehr gut.*

Pasta mit frischen Kräutern

Gesund, schnell, lecker!

für jeweils 2 bis 3 Personen

Einfach und schnell! Weckt alle Lebensgeister! Und man muss kein Pasta liebendes Kaninchen sein, um sie zu mögen, wie wir schon einmal gefragt wurden ... Lassen Sie sich überraschen!

Für neue Kraft – Spaghetti mit frischer Petersilie und Knoblauch
250 g Vollkorn-Spaghetti
Meersalz
1 Bund glattblättrige Petersilie
1 – 2 Knoblauchzehen
etwa 10 EL natives Olivenöl extra
frisch gemahlener schwarzer Pfeffer

- Die Spaghetti nach Packungsanleitung in reichlich Salzwasser al dente garen.
- Währenddessen die Blätter der Petersilie grob zerkleinern und in einer Schüssel mit dem geschälten und sehr fein gehackten Knoblauch sowie reichlich Olivenöl vermischen. Etwa 5 Minuten ziehen lassen.
- Dann die fertig gekochten Spaghetti abgießen, in einem Topf mit der Petersilien-Knoblauch-Masse vermischen und mit 4 – 5 Prisen Meersalz sowie frischem schwarzen Pfeffer würzen.
- Dazu passt wunderbar ein Glas kräftiger Rotwein, zum Beispiel Sangiovese oder Chianti, und auch ein gutes Glas Wasser.

Frühlingsessen, das stärkt – Tagliatelle mit frischem Bärlauch
etwa 250 g Vollkorn-Tagliatelle
Meersalz
1 Handvoll frischer Bärlauch (möglichst selbst gesammelt)
etwa 10 EL natives Olivenöl extra
frisch gemahlener schwarzer Pfeffer

- Die Tagliatelle nach Packungsanleitung in reichlich Salzwasser al dente garen.
- Währenddessen den Bärlauch klein hacken und mit Olivenöl, 4 – 5 Prisen Meersalz sowie schwarzem Pfeffer vermischen.
- Tagliatelle abgießen und mit dem Bärlauch mischen. Sofort essen! Reinigt die Verdauungsorgane, das Blut, stärkt die Abwehrkraft und schmeckt herrlich frisch nach Knoblauch.

Für das »Italienische« im Leben – Farfalle mit frischem Basilikum
- Zutaten und Zubereitung siehe Variante 1, statt Petersilie und Spaghetti jedoch mit Basilikum und Farfalle zubereiten.

Kühlend im Sommer – Farfalle mit frischem Rucola
- Zutaten und Zubereitung siehe Variante 1, statt Petersilie und Spaghetti jedoch mit Rucola und Farfalle zubereiten. Hier macht sich ein guter Schuss feiner Balsamessig zum Abschmecken wunderbar!

Reinigend und belebend – Spaghetti mit frischem Schnittlauch
- Zutaten und Zubereitung siehe Variante 2. Statt mit Bärlauch und Tagliatelle wird dieses Gericht jedoch mit einem Bund fein geschnittenem Schnittlauch und Spaghetti zubereitet.

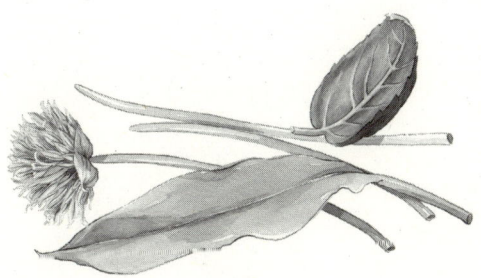

29

Makkaroni mit Knusperkräuterkrümeln

Ein Gericht, das besonders gut auch Kindern schmeckt und Spaß macht

für 2 bis 3 Personen

etwa 250 g Vollkorn-Makkaroni
Meersalz
1 – 2 Knoblauchzehen
etwa 1 Bund frische Kräuter nach Jahreszeit
   Besonders gut eignen sich Petersilie, Oregano, Rosmarin, Thymian,
   Salbei; empfehlen möchten wir, nur eine, maximal zwei verschiedene
   Arten Kräuter gleichzeitig zu verwenden. So kann sich der Geschmack
   des entsprechenden Krautes besser entfalten.
etwa 150 g Semmelbrösel
   (am besten von trockenem, selbst gebackenem Weißbrot)
reichlich natives Olivenöl extra (etwa 100 ml)
4 – 5 Prisen Meersalz
etwas frisch gemahlener schwarzer Pfeffer (grob gemahlen)
etwas frisch geriebener Muskat

- Die Makkaroni entsprechend der Kochanleitung auf der Packung in reichlich Salzwasser bissfest garen und anschließend *nicht* mit kaltem Wasser
  abschrecken.
- Während die Makkaroni kochen, den Knoblauch schälen, klein schneiden
  und die Kräuter grob hacken. Anschließend die Semmelbrösel mit dem
  Knoblauch und den Kräutern in Olivenöl goldbraun anrösten.
- Sind die Makkaroni gar, gießt man sie ab, vermischt sie mit den Kräuter-
  bröseln und schmeckt mit Salz, Pfeffer und Muskat ab.

 Tipp: Zu den Makkaroni schmeckt ein frischer Salat wunderbar.

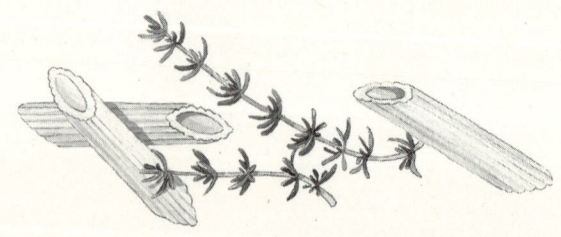

Spaghetti mit Knoblauch und frischem Ingwer

Weckt alle Lebensgeister und die Abwehrkraft

für 2 bis 3 Personen

1 mittelgroße Zwiebel
1 Stück frischer Ingwer (5 – 8 cm groß)
1 Knoblauchzehe
natives Olivenöl extra oder kalt gepresstes Sonnenblumenöl
Meersalz
etwas frisch gemahlener schwarzer Pfeffer
etwas frisch geriebener Muskat
etwa ½ TL Currypulver (besonders gut passt Madras-Currypulver)
etwa 250 g Vollkorn-Spaghetti
reine Pflanzenmargarine oder Kokosöl nach Geschmack

- Die Zwiebel, den Ingwer und Knoblauch schälen und sehr fein hacken. Dann alles in einer großen Pfanne mit Öl 5 – 10 Minuten goldgelb anschwitzen. Dabei nach Geschmack mit etwa ½ TL Meersalz, schwarzem Pfeffer (denken Sie daran, dass der Ingwer schon Schärfe hat!), einem Hauch Muskat und Currypulver würzen.
- Währenddessen die Spaghetti entsprechend der Kochanleitung auf der Packung in reichlich Salzwasser al dente garen.
- Die fertig gekochten Spaghetti abgießen, sofort in die Pfanne geben und mit der Zwiebel-Ingwer-Masse vermischen.
- Zum Schluss nach Geschmack mit einem kleinen Stück Margarine oder – als besonderer Tipp – mit naturreinem Kokosöl verfeinern. Abschmecken nicht vergessen!

 Tipp: *Wussten Sie, dass frischer Ingwer gegen Reiseübelkeit hilft? Nehmen Sie bei Bedarf eine dünne Scheibe frischen Ingwer in den Mund und lutschen Sie diese wie ein Bonbon.*

Tagliatelle siciliana

Spezialität mit typischen Zutaten aus dem sonnigen Sizilien

für 2 bis 3 Personen

150 g Mandeln oder Pinienkerne
250 g Vollkorn-Tagliatelle
Meersalz
1 Zwiebel
mildes natives Olivenöl extra
1 Zweig frischer Rosmarin
1 frische rote Peperonischote
etwas frisch gemahlener schwarzer Pfeffer
etwas frisch geriebener Muskat
1 Messerspitze Currypulver
abgeriebene Schale einer unbehandelten Zitrone
1 Knoblauchzehe
100 g Kapern
frisch gepresster Saft der abgeriebenen Zitrone

- Die Mandeln in einer Schüssel mit heißem Wasser übergießen und etwa 5 Minuten ziehen lassen. Danach in ein Sieb abgießen und mit kaltem Wasser abschrecken. Die Häute lassen sich nun sehr gut abpellen. Die Mandeln anschließend grob hacken.
- Die Tagliatelle entsprechend der Packungsanleitung in reichlich Salzwasser al dente garen.
- Währenddessen die Zwiebel schälen, klein hacken und mit etwas Olivenöl anschwitzen. Nun den Rosmarin, die entkernte und in feine Ringe geschnittene Peperoni, 3 Prisen Meersalz und die übrigen Gewürze mit den grob gehackten Mandeln oder den Pinienkernen sowie der abgeriebenen Zitronenschale in die Pfanne geben.
- Sobald die Mandeln oder Pinienkerne etwas Farbe bekommen haben, die Kapern dazugeben (sollten sie in Essig eingelegt sein, vorher in einem Sieb abspülen und leicht ausdrücken). Den Knoblauch schälen, fein hacken und mit einem guten Schuss Olivenöl hinzufügen.
- Dann die al dente gegarten und abgegossenen Tagliatelle direkt in die Pfanne geben und vermischen. Zum Schluss die Pfanne von der Hitzequelle nehmen und den Saft der abgeriebenen Zitrone dazugeben.
- Noch einmal gut vermischen, abschmecken und servieren.

Spaghetti mit Champignonwürfeln und Limette

Pasta mit wunderbar frischem Pilzaroma

für 2 bis 3 Personen

250 g Vollkorn-Spaghetti
Meersalz
1 Limette
300 g Champignons
1 Zwiebel
2 Knoblauchzehen
etwa 10 EL mildes natives Olivenöl extra
frisch gemahlener schwarzer Pfeffer
etwas frisch geriebener Muskat
1 Messerspitze Thymian

- Die Spaghetti nach Packungsanleitung in reichlich Salzwasser bissfest garen.
- Währenddessen die Limette auspressen. Die Champignons sehr fein würfeln und mit etwas Limettensaft beträufeln.
- Die Zwiebel und den Knoblauch schälen, klein schneiden und im Olivenöl anschwitzen. Mit 4 – 5 Prisen Meersalz, schwarzem Pfeffer aus der Mühle (etwas gröber gemahlen), frisch geriebenem Muskat und etwas in den Händen zerriebenem Thymian würzen.
- Die Pilzwürfelchen zur Zwiebelmischung in die Pfanne geben.
- Einmal wenden, den restlichen Limettensaft mit den bissfest gekochten Spaghetti hinzugeben und alles gut vermischen. Die Pfanne auf jeden Fall von der Hitzequelle nehmen, bevor der Limettensaft dazugegeben wird. Zuletzt mit Salz und Pfeffer abschmecken und servieren.

 Idee zum Anrichten: *Schneiden Sie 2 – 3 Champignons in ganz feine Scheiben und garnieren damit das Gericht oder den Tellerrand.*

Tagliatelle con fagioli

Pasta mit einer Sauce aus weißen Bohnen

für 2 bis 3 Personen

etwa 200 g getrocknete weiße Bohnen
Wasser zum Einweichen und Garen der Bohnen
2 mittelgroße Zwiebeln
2 Knoblauchzehen
Meersalz
frisch gemahlener schwarzer Pfeffer
etwas frisch geriebener Muskat
etwas Currypulver
1 Zweig frischer Rosmarin oder ½ TL getrockneter Rosmarin
etwa 200 g Vollkorn-Tagliatelle
natives Olivenöl extra
frischer Rosmarin zum Garnieren

- Die Bohnen über Nacht in einer Schüssel in der doppelten Menge Wasser einweichen. Die restliche Einweichflüssigkeit vor dem Kochen bitte abgießen und nicht verwenden: Die Bohnen haben an das Einweichwasser einen Teil ihrer blähenden Stoffe abgegeben und sind dadurch leichter verträglich.
- Dann die Bohnen in etwa der doppelten Menge Wasser weich garen – die Kochzeit beträgt mindestens 60 Minuten. Die Zwiebeln und den Knoblauch geschält und ganz dazugeben – ebenso die Gewürze, etwa ½ TL Meersalz und den Rosmarin. Sie geben während des Kochens ihre herrlichen Aromen an die Brühe und die Bohnen ab.
- Sind die Bohnen gar, mit einer Schaumkelle etwa ein Drittel herausnehmen und den Rest mit der Brühe pürieren. Ob die Bohnensauce dünn- oder dickflüssig sein soll, hängt ganz von Ihrem Geschmack ab – geben Sie also je nachdem noch etwas Wasser dazu oder lassen Sie die Sauce reduzieren. Auf jeden Fall sollten die Bohnen aber nach dem Pürieren noch einmal für einen Moment leicht aufkochen. Doch Vorsicht: Die Sauce brennt leicht an.
- Währenddessen die Tagliatelle nach Packungsanleitung in reichlich Salzwasser bissfest garen.
- Schmecken Sie die Sauce ab und verfeinern Sie sie auf jeden Fall mit einem ordentlichen Schuss nativem Olivenöl – nur dann entfaltet sich das herrliche Aroma der Sauce wirklich gut. Und natürlich die vorher entnommenen Bohnen nicht vergessen und in die Sauce zurückgeben.

- Am besten servieren Sie die Tagliatelle con fagioli in tiefen Tellern mit etwas frischem, klein gehacktem Rosmarin, einem kleinen Schuss Olivenöl und frisch gemahlenem schwarzen Pfeffer.

Tipp: *Die Nudeln sollten eher eine Spur kürzer als al dente kochen. In der Regel gelingt dies, wenn Sie die Nudeln 1 Minute früher als angegeben abgießen. So bewahren sie auch in der heißen Sauce noch ihren Biss.*

Variante 1
Mit einer zusätzlichen Zwiebel und einer weiteren Knoblauchzehe, die man beide schält und klein würfelt, lässt sich eine noch pikantere Variante herstellen: Man entkernt außerdem eine frische rote Peperonischote, gibt sie klein geschnitten mit der zusätzlichen Zwiebel und dem Knoblauch in eine Pfanne mit Olivenöl und schwitzt diese drei Zutaten etwa 5 Minuten an.

Dann gibt man die pürierte Bohnensauce und die gegarten Nudeln dazu und vermischt in der Pfanne alles zu einer pikanten Fagioli-Pasta.

Variante 2
Statt Rosmarin eignet sich ebenso gut Petersilie oder Salbei. Bei Salbei reichen 4 – 5 frische Blätter zum Mitkochen. Die Petersilie streut man zum Schluss frisch über das Gericht.

Als Highlight bei der Salbei-Variante eignen sich als köstlich schmeckende Garnitur in Olivenöl knusprig angebratene, frische Salbeiblätter besonders gut.

Variante 3
Natürlich lassen sich auch noch andere Gemüsearten mitverwenden. Neben der Zwiebel eignen sich gut klein geschnittene Karotten, etwas Knollensellerie oder Staudensellerie. Ihrer Fantasie ist, wie immer, keine Grenze gesetzt.

Variante 4
Als Bohnensuppe schmeckt eine dünne Variante der Sauce besonders gut mit in Olivenöl angerösteten Brotscheiben, die beim Anrichten in die Suppe eingelegt werden – am besten gleich im Suppenteller.

Pappardelle con funghi

Breite Nudeln mit Pilzsauce

für 2 bis 3 Personen

1 Zwiebel
natives Olivenöl extra
2 EL fein gemahlenes Vollkornmehl
300 – 400 ml Wasser
frisch gemahlener Pfeffer, Meersalz
etwas frisch geriebener Muskat
3 Messerspitzen Paprikapulver
etwa ½ TL Thymian (oder Schnittlauch oder glattblättrige Petersilie)
1 Schuss Weißwein oder Sherry
  oder frisch gepresster Zitronensaft
300 g Champignons oder Kräuterseitlinge
250 g Vollkorn-Pappardelle

- Die Zwiebel schälen, klein würfeln und in etwas Olivenöl anschwitzen. Dann das Mehl dazugeben, nach und nach mit dem Wasser aufgießen – immer wieder warten, bis die Sauce erneut zu köcheln beginnt. Wichtig hierbei ist, dass man ständig mit dem Schneebesen alles gut verrührt, denn das Mehl beginnt sonst zu klumpen. Mit Pfeffer, etwa ½ TL Salz, Muskat, Paprika und zwischen den Händen zerriebenem Thymian würzen (falls Sie Schnittlauch oder Petersilie verwenden, bitte erst ganz am Schluss dazugeben). Bevorzugen Sie eine der alkoholischen Varianten, geben Sie nun Wein oder Sherry dazu. Die Sauce muss dann etwa 15 Minuten köcheln.
- Möchten Sie es ganz besonders fein, dann schwitzen Sie die in Scheiben geschnittenen Pilze mit etwas Olivenöl, Salz und Pfeffer etwa 5 Minuten an und fügen diese am Schluss dazu. Ansonsten geben Sie die Champignons gleich in die Sauce, wo sie etwa 5 Minuten leicht mitköcheln.
- Wenn Sie sich für die frische, leichte, zitronige Variante entschieden haben, geben Sie den Zitronensaft dazu, sobald die Sauce von der Hitzequelle genommen wurde. Vorsicht mit dem Saft: Erst mal nur die Hälfte zugeben und probieren. Der Pilzgeschmack sollte im Vordergrund sein.
- Währenddessen die Pappardelle nach Packungsanleitung in reichlich Salzwasser bissfest garen. Die Nudeln vorsichtig mit der Pilzsauce vermengen und servieren. Falls Sie Schnittlauch oder Petersilie verwenden, schneiden Sie diese zum Garnieren klein.

Farfalle mit Belugalinsen

Linsen isst man in Italien aus mehreren Gründen: Weil sie wunderbar schmecken, gesund sind und traditionell an Silvester oder Neujahr dafür sorgen, dass das Geld im kommenden Jahr nicht ausgeht. Gut, oder?

für 2 bis 3 Personen

2 mittelgroße Gemüsezwiebeln
natives Olivenöl extra
1 Karotte
frisch gemahlener schwarzer Pfeffer (grob gemahlen)
Meersalz
frisch geriebener Muskat
eventuell ½ TL frischer oder getrockneter Rosmarin je nach Jahreszeit
150 – 200 g Belugalinsen
1 gestrichener TL edelsüßes Paprikapulver
125 ml Rotwein oder Wasser
3 – 4 Wacholderbeeren, 1 Gewürznelke
2 Knoblauchzehen
1 Prise Currypulver
Wasser zum Garen der Linsen
250 g Vollkorn-Farfalle
Rosmarin oder frische glattblättrige Petersilie nach Belieben

- Die Zwiebeln schälen, klein würfeln und in Olivenöl anschwitzen. Die Karotte in kleinen Würfeln dazugeben. Mit Pfeffer, ½ TL Salz und Muskat etwas weiter anschwitzen. Wenn gewünscht, jetzt den Rosmarin dazugeben. Dann die Linsen und das Paprikapulver zufügen und kurz mit anrösten, danach sofort mit der Hälfte des Rotweins oder Wasser ablöschen und etwas einkochen lassen.
- Die inzwischen zerdrückten Wacholderbeeren, die klein gemörserte Nelke, eine Zehe des geschälten und klein gehackten Knoblauchs sowie das Currypulver zugeben. Nun die Linsen mit etwa der doppelten Menge Wasser aufgießen und etwa 20 Minuten köcheln lassen.
- Inzwischen die Farfalle entsprechend der Packungsanleitung in reichlich Salzwasser al dente kochen.
- Sind die Linsen gar, verfeinert man sie eventuell mit dem restlichen Rotwein, einem Schuss Olivenöl und dem restlichen sehr fein gehackten Knoblauch.
- Das Gericht mit den Farfalle servieren. Als Kräuter zum Garnieren passen hierzu sehr gut Rosmarin oder klein geschnittene Petersilie.

Fusilli mit roten Linsen

Linsen auf Italienisch

für 2 bis 3 Personen

1 Zwiebel
2 Karotten
½ mittelgroße Knolle Sellerie
natives Olivenöl extra
Meersalz
frisch gemahlener schwarzer Pfeffer
edelsüßes Paprikapulver
1 Messerspitze Currypulver
1 große Tasse rote Linsen (etwa 250 g)
etwa 3 Tassen Wasser (etwa 750 ml)
1 Knoblauchzehe
250 g Vollkorn-Fusilli
frische Kräuter zum Garnieren nach Belieben

- Die Zwiebel schälen und klein würfeln, die Karotten und den Sellerie ebenfalls in kleine Würfel schneiden. Die Zwiebel in Olivenöl anschwitzen, Karotten und Selleriestücke leicht mit anbraten. Erst wenn ein herrlicher Duft entsteht, gibt man ½ TL Meersalz, die Gewürze und die gewaschenen Linsen dazu und löscht mit dem Wasser ab.
- Die Linsen müssen nun etwa 25 Minuten köcheln. Eventuell braucht man noch etwas Wasser zusätzlich, um ausreichend Sauce zu haben – machen Sie dies ganz nach Ihren Bedürfnissen. Den Knoblauch schälen, klein hacken und dazugeben.
- Die inzwischen in reichlich Salzwasser gegarten Nudeln mit der Sauce im Topf vermischen und auf dem Teller anrichten. Die frischen Kräuter nicht zu klein schneiden und nach dem Anrichten auf die Pasta streuen.

 Tipps: *Als Variante schmecken hierzu auch Kräuter der Provence (Thymian, Rosmarin, Basilikum, Oregano) mit etwa 100 g schwarzen Oliven. Spiralnudeln eignen sich für dieses Gericht besonders gut, weil sie die Linsensauce gut aufnehmen. Natürlich lassen sich auch alle anderen Nudelsorten nach individueller Vorliebe verwenden.*

Zucchini-Pappardelle

Pasta mit leckerer Olivenöl-Balsamico-Marinade

für 2 bis 3 Personen

250 g Vollkorn-Pappardelle
Meersalz
3 mittelgroße Zucchini
1 mittelgroße Zwiebel
1 Knoblauchzehe
natives Olivenöl extra
etwa 1 EL frischer Rosmarin
frisch gemahlener schwarzer Pfeffer
1 Messerspitze Currypulver
frisch geriebener Muskat
etwa 6 EL Balsamessig

- Die Pappardelle entsprechend der Packungsanleitung in reichlich Salzwasser al dente garen.
- Inzwischen die Zucchini mit dem Spargel- oder Sparschäler der Länge nach in Streifen »schälen« und auf diese Art ganz zerkleinern. Die Zwiebel und die Knoblauchzehe schälen, fein würfeln und in etwas Olivenöl goldgelb dünsten. Dann die Zucchinistreifen und den Rosmarin sowie Pfeffer, Currypulver und Muskat zugeben und etwa 5 Minuten dünsten. Die Zucchinistreifen dürfen nicht richtig weich werden.
- Die gegarten Zucchini von der Hitzequelle nehmen und erst jetzt salzen. Balsamessig und großzügig Olivenöl (etwa 100 ml, je nach Geschmack) zugeben. Die inzwischen al dente gegarten Nudeln aus dem Kochwasser in ein Sieb abgießen und direkt in die Zucchinipfanne geben. Alles gut vermischen, abschmecken und sofort servieren. Die Nudeln lassen sich mit den Zucchinistreifen schön in großen vorgewärmten tiefen Tellern anrichten.

***Tipps:** Als Varianten 50 g grüne Oliven entsteinen, klein schneiden und mit der Nudel-Zucchini-Mischung vermengen. Oder 2 EL eingelegte Kapern im Sieb mit Wasser abspülen und dazugeben.*
Natürlich sind auch Varianten mit Safran oder mehr Currypulver gut vorstellbar. Im vorgestellten Rezept wird die Messerspitze Curry als eine geschmacksverstärkende Zutat verwendet. In dieser Variante kann das Currypulver dagegen Hauptaroma sein.

Lasagne

Beliebter Nudelauflauf mit zartem Zucchini-Basilikum-Aroma

für 4 Personen

Tomatensauce
1 mittelgroße Zwiebel
2 Knoblauchzehen
natives Olivenöl extra
1 kg frische, reife Tomaten oder etwa 500 g passierte Tomaten
etwa ½ TL Meersalz
frisch gemahlener Pfeffer
frisch geriebener Muskat
edelsüßes Paprikapulver
1 Prise Currypulver

1 kg Zucchini
natives Olivenöl extra
500 g Vollkorn-Lasagneteigplatten
   (am besten selbst gemacht, siehe Seite 185, oder aus dem Bioladen)
1 Bund frisches Basilikum
   oder 1 EL getrocknetes Basilikum nach Jahreszeit
Meersalz
2–3 EL Vollkornsemmelbrösel
frisch gemahlener schwarzer Pfeffer

- Für die Tomatensauce die Zwiebel und die Knoblauchzehen schälen, klein würfeln und in etwas Olivenöl anschwitzen. Bei den Tomaten die grünen Strünke entfernen, die Tomaten in grobe Stücke schneiden und zusammen mit den Gewürzen zur Zwiebel geben. Die Sauce soll richtig pikant schmecken, da sie dem ganzen Gericht ihren Geschmack geben soll. Alles zusammen etwa 10 Minuten köcheln lassen und dann mit dem Mixstab fein pürieren. Wenn Sie frischen, selbst gemachten Teig verwenden, sollte die Tomatensauce vor der Weiterverwendung etwa 30 Minuten abkühlen.

- Die Zucchini in dünne Längsscheiben schneiden.
- Eine ausreichend große Auflaufform kräftig mit Olivenöl ausfetten und den Boden der Form mit etwas Tomatensauce bedecken. Dann die Sauce mit den Teigplatten belegen, sodass diese den Boden ganz bedecken. Auch gekaufte, trockene Teigplatten lassen sich sehr gut in passend große Stücke brechen. Dann den Teig mit Zucchinischeiben und Basilikumblättern belegen. Diese Gemüseschicht mit 1 – 2 Prisen Salz würzen. Wieder mit Nudelplatten und diese wieder mit Sauce bedecken. Diese Reihenfolge wiederholen, bis der Vorrat aufgebraucht oder die Auflaufform voll ist. Die letzte Schicht sollte aus Nudelplatten mit Sauce bestehen.
- Darüber die Semmelbrösel streuen und diese großzügig mit Olivenöl beträufeln. Schwarzen Pfeffer grob darüber mahlen und die Lasagne im vorgeheizten Backofen bei etwa 180 °C (Ober- und Unterhitze) etwa 45 Minuten goldbraun backen.

Lasagne la Magnifica

»La Magnifica« ist italienisch und bedeutet »die Wunderbare«.
Und so schmeckt diese Lasagne auch.

für 4 Personen

Tomatensauce
1 mittelgroße Zwiebel
natives Olivenöl extra
1 kg reife Tomaten
1 TL Meersalz
½ TL frisch gemahlener Pfeffer
etwas frisch geriebener Muskat
edelsüßes Paprikapulver
1 Prise Currypulver
eventuell 100 ml trockener Rotwein
  (zum Beispiel Sangiovese oder Chianti)
2 Knoblauchzehen

etwa 500 g Auberginen
natives Olivenöl extra
500 g Champignons
500 g Vollkorn-Lasagneteigplatten
  (am besten selbst gemacht, siehe Seite 185, oder aus dem Bioladen)
1 Bund frisches Basilikum
  oder etwa 1 EL getrocknetes Basilikum je nach Jahreszeit
Meersalz
etwa 4 EL Vollkornsemmelbrösel
frisch gemahlener schwarzer Pfeffer

- Für die Tomatensauce die Zwiebel schälen, klein würfeln und in etwas Olivenöl anschwitzen. Bei den Tomaten die grünen Strünke entfernen, die Tomaten in grobe Stücke schneiden und zusammen mit den Gewürzen sowie gegebenenfalls dem Rotwein (falls Sie mögen) zur Zwiebel geben. Schmecken Sie pikant ab, denn die Sauce gibt dem ganzen Gericht das Aroma. Alles zusammen etwa 10 Minuten köcheln lassen.

- Den Knoblauch schälen, fein hacken, zur Tomatensauce geben und diese dann mit dem Mixstab fein pürieren. Wenn Sie frischen, selbst gemachten Teig verwenden, sollte die Tomatensauce vor der Weiterverwendung etwa 30 Minuten abkühlen.
- Die Auberginen in dünne Längsscheiben schneiden und in einer Pfanne mit etwas Olivenöl goldgelb bräunen. Die Champignons nach Bedarf mit einem Pinsel säubern und in etwa 5 mm breite Scheiben schneiden.
- Eine ausreichend große Auflaufform mit Olivenöl kräftig ausfetten und den Boden der Form mit etwas Tomatensauce bedecken. Dann die Sauce mit den Teigplatten belegen, sodass diese den Boden ganz bedecken. Die Teigplatten lassen sich sehr gut in entsprechend große Stücke schneiden (beziehungsweise die gekauften brechen). Jetzt den Teig mit Auberginen-scheiben und Basilikumblättern belegen (eng aneinander legen). Dann mit Nudelplatten und diese wieder mit Sauce bedecken. Anschließend folgt eine Pilzschicht und danach wieder Teigplatten mit Tomatensauce. Diese Reihenfolge wiederholen, bis der Vorrat aufgebraucht oder die Auflaufform gefüllt ist. Über die Gemüseschichten jeweils noch 1 Prise Salz geben. Die letzte Schicht sollte aus Nudelplatten mit Sauce bestehen.
- Die Semmelbrösel darüberstreuen und großzügig mit Olivenöl beträufeln. Schwarzen Pfeffer grob darüber mahlen und die Lasagne im vorgeheizten Backofen bei 200 °C (Ober- und Unterhitze) etwa 45 Minuten goldbraun garen.

Mangoldlasagne

Lasagne mit leckerem Gemüse

für 4 Personen

Mangoldfüllung
1 mittelgroße Zwiebel
natives Olivenöl extra
1 kg Mangold
1 TL Meersalz
½ TL frisch gemahlener Pfeffer
3 Messerspitzen frisch geriebener Muskat
1 Prise Currypulver
etwa 100 ml Wasser
2 Knoblauchzehen

Pilzsauce
1 mittelgroße Zwiebel
natives Olivenöl extra
3 EL fein gemahlenes Vollkornmehl
500 ml Wasser
1 gestrichener TL Meersalz
etwas frisch gemahlener Pfeffer
etwas frisch geriebener Muskat
1 Prise Currypulver
3 Messerspitzen edelsüßes Paprikapulver
400 g Champignons oder Kräuterseitlinge
eventuell 125 ml Weißwein

natives Olivenöl extra
500 g Vollkorn-Lasagneteigplatten
   (am besten selbst gemacht, siehe Seite 185, oder aus dem Bioladen)
4 EL Vollkornsemmelbrösel
frisch gemahlener schwarzer Pfeffer

- Für die Mangoldfüllung die Zwiebel schälen, klein würfeln und in etwas Olivenöl anschwitzen. Die Mangoldblätter zusammen mit den Gewürzen dazugeben und mit dem Wasser ablöschen. Lassen Sie den Mangold so lange kochen, bis die Blätter leicht zusammenfallen. Dann die beiden Knoblauchzehen geschält und in feine Scheiben geschnitten zum Mangold geben und diesen von der Hitzequelle nehmen.
- Für die Pilzsauce die Zwiebel schälen, klein würfeln, in etwas Olivenöl anschwitzen und mit dem Mehl sowie dem Wasser eine Mehlschwitze herstellen: Zuerst also das Mehl mit der Zwiebel verrühren, dann nach und nach das Wasser dazugeben und mit dem Schneebesen glatt rühren. Jetzt würzen und etwa 10 Minuten köcheln lassen. Nun die in nicht zu dünne Scheiben geschnittenen Pilze dazugeben und den Topf von der Hitzequelle nehmen. (Möchten Sie mit dem Weißwein verfeinern, verrühren Sie diesen jetzt mit der Pilzsauce.)
- Eine ausreichend große Auflaufform mit Olivenöl kräftig ausfetten und den Boden der Form mit etwas Mangold bedecken. Diesen mit den Teigplatten belegen. Die Teigplatten lassen sich sehr gut in entsprechend große Stücke schneiden (beziehungsweise die gekauften brechen). Dann die Platten mit ein bis zwei Schöpflöffel Pilzsauce gut bedecken. Es folgt erneut eine Lage mit Nudelplatten, die mit Mangold beschichtet wird. Diese Reihenfolge wiederholen, bis der Vorrat aufgebraucht oder die Auflaufform voll ist. Die letzte Schicht sollte aus Nudelplatten mit Sauce bestehen.
- Darüber die Semmelbrösel streuen und diese großzügig mit Olivenöl beträufeln. Schwarzen Pfeffer grob darüber mahlen und die Lasagne im vorgeheizten Backofen bei 200 °C (Ober- und Unterhitze) etwa 45 Minuten goldbraun garen.

 Tipp: Statt des Mangolds können Sie natürlich auch gerne Spinat verwenden.

Pesto und Antipasti

Pesto pur

Pesto leitet sich aus dem Italienischen ab:»Pestare« heißt zerstoßen, zerstampfen. In den Zeiten, in welchen es noch keinen Mixer gab, zerdrückte man alle Zutaten im Mörser. Heute fällt es uns hierzulande wesentlich leichter, die elektrischen Geräte zu bedienen, obwohl manche Gourmets nach wie vor auf den Mörser schwören.

Probieren Sie es doch einfach mal aus. Beim Mörsern lässt sich jedenfalls auf sinnliche Art entspannen – denken Sie nur an die sich entfaltenden Aromen des Knoblauchs und der Kräuter. – Vielleicht kam der Begründer der Homöopathie, Samuel Hahnemann, auf die homöopathischen Verreibungen, weil er gerne Pesto gegessen hat? Wäre er Italiener gewesen, sicher! Ma certo!

Was Sie zerstampfen, bleibt letztendlich Ihnen und Ihrer Lust am Ausprobieren überlassen. Doch wollen wir Ihnen ein paar Grundrezepte vorstellen, die Sie so ähnlich (eventuell in nichtveganer Form) schon kennen.

Pesto ist sehr vielfältig in der Küche verwendbar. Es schmeckt hervorragend zu Nudeln, Bruschetta, Pell- und Backofenkartoffeln. Außerdem lässt es sich sehr gut aufbewahren. In einem verschlossenen Glas, die Oberfläche mit Öl bedeckt, hält es im Kühlschrank gut zwei Wochen. Danach verliert es langsam seinen Geschmack. Entnimmt man Pesto aus dem Glas, einfach etwas Öl auf den Rest im Glas geben, sodass die Oberfläche wieder ganz bedeckt ist.

Beginnen wir mit dem Archetyp des Pestos, sozusagen »Pesto pur«.

Die Zutaten ergeben 50 bis 70 ml Pesto.

3 Knoblauchzehen
50 ml natives Olivenöl extra
etwa 3 Prisen Meersalz

- Die Knoblauchzehen schälen, fein schneiden und in einem großen Mörser kräftig mit dem Olivenöl und Salz zerstampfen (oder mit dem Mixer zerkleinern).
- Zum Schluss einen guten Schuss natives Olivenöl dazugeben und auf frisch geröstetem Brot essen. Sollte es zu scharf sein (durch den Knoblauch), einfach noch etwas Öl dazugeben und gut durchmischen.

Basilikumpesto

Die Zutaten ergeben etwa 350 ml Pesto, für 2 bis 4 Personen.

3 Knoblauchzehen
1 kleiner bis mittelgroßer Zucchino
1 Bund frisches Basilikum
etwa 120 ml natives Olivenöl extra
½ TL Meersalz
etwas frisch gemahlener Pfeffer

- Den Knoblauch schälen und ebenso wie den Zucchino und das Basilikum klein schneiden. Diese Zutaten nach und nach unter langsamem Zugeben des Olivenöls im Mixer durchmixen oder im Mörser zerkleinern. Am besten beginnen Sie mit dem Knoblauch, dann geben Sie die Zucchiniwürfel und zum Schluss die Basilikumblätter dazu. Anschließend mit Salz und Pfeffer würzen.

Petersilienpesto

Die Zutaten ergeben etwa 350 ml Pesto, für 2 bis 4 Personen.

3 Knoblauchzehen
1 Bund frische glattblättrige Petersilie
etwa 120 ml natives Olivenöl extra
etwa ½ TL Meersalz
etwas frisch gemahlener Pfeffer nach Geschmack

- Den Knoblauch schälen und ebenso wie die Petersilie etwas zerkleinern. Dann diese beiden Zutaten nach und nach im Mixer oder mit dem Pürierstab fein zerkleinern. Öl nach und nach dazugeben. Beginnen Sie am besten mit dem Knoblauch. Es sollte eine beinahe dickflüssige Sauce entstehen. Anschließend mit Salz und Pfeffer würzen.

Bärlauchpesto

Die Zutaten ergeben 350 bis 400 ml Pesto, für 2 bis 4 Personen.

2 – 3 EL Mandeln
1 gute Handvoll frischer Bärlauch
etwa ½ TL Meersalz
etwas frisch gemahlener Pfeffer
etwa 120 ml natives Olivenöl extra

- Die Mandeln in einem Topf mit kochendem Wasser übergießen und etwa 5 Minuten ziehen lassen – die Häute lassen sich dann leicht entfernen. Anschließend die Mandeln in einer Pfanne leicht bräunen.
- Mandeln und Bärlauch mit den Gewürzen nach und nach im Mixer (oder Mörser) fein zerkleinern, Öl nach und nach dazugeben. Beginnen Sie am besten mit den Mandeln. Es sollte eine dickflüssige Sauce entstehen.

 Tipp: Bärlauch gibt es leider nur im Frühling. Deshalb eignet sich dieses Pesto sehr gut, um den Bärlauch zu konservieren. Am besten frieren Sie das Pesto in einem Glas mit Schraubverschluss ein. Aufgetaut entfaltet der Bärlauch wieder sein ganzes Aroma.

Dillpesto

Die Zutaten ergeben etwa 350 ml Pesto, für 2 bis 4 Personen.

3 EL Mandeln
2 Knoblauchzehen
1 mittelgroßer Zucchino
1 Bund frischer Dill
abgeriebene Schale einer unbehandelten Zitrone (in Zesten)
frisch gepresster Saft der abgeriebenen Zitrone
½ TL Meersalz
etwas frisch gemahlener Pfeffer
100 ml mildes natives Olivenöl extra

- Die Mandeln in einem Topf mit kochendem Wasser übergießen und etwa 5 Minuten ziehen lassen – die Häute lassen sich dann leicht entfernen. Anschließend die Mandeln in einer Pfanne leicht bräunen.
- Den Knoblauch schälen und ebenso wie den Zucchino grob zerkleinern.
- Alle Zutaten zusammen in einem Gefäß mit dem Mixstab oder im Mörser zerkleinern und dabei so lange Öl dazugeben, bis eine homogene Masse entstanden ist.

 Tipp: *Dillpesto schmeckt gut auf frisch gebackenem Brot, zu Spaghetti und allen Nudeln.*

Pesto mit schwarzen Oliven

Die Zutaten ergeben etwa 400 ml Pesto, für 4 Personen.

200 g schwarze Oliven
3 Knoblauchzehen
etwa 2 EL frischer Oregano
120 – 150 ml natives Olivenöl extra
½ TL frisch gemahlener Pfeffer
1 – 2 Prisen Meersalz

- Wenn man sich die kleine Mühe macht, Oliven mit Steinen zu verwenden und diese von Hand mit dem Messer zu entfernen, wird man mit einem besseren Aroma belohnt. Kauft man Oliven ohne Stein, findet sich der Geschmack häufig eher in der Einlegebrühe als in den Oliven.
- Die Oliven entsteinen und den Knoblauch schälen. Den Knoblauch und den Oregano im Mixer oder Mörser zerkleinern und dabei immer wieder von dem Öl zugeben. Dann die entsteinten Oliven hineingeben und ebenfalls fein zerkleinern. Oder alle Zutaten in einem ausreichend hohen Gefäß mit dem Mixstab pürieren. Gießen Sie so lange Öl zu, bis sich eine sämige Masse ergeben hat.
- Zum Schluss mit Pfeffer und Salz abschmecken. Vorsicht mit dem Salz: Die Oliven enthalten oft schon eine ausreichende Menge Salz.

Pesto trapanese

Die Zutaten ergeben etwa 400 ml Pesto, für 4 Personen.

100 g Mandeln
200 g reife Tomaten
2 Knoblauchzehen
1 Bund frisches Basilikum
½ TL Meersalz
etwas frisch gemahlener schwarzer Pfeffer
100 ml natives Olivenöl extra

- Die Mandeln mit kochendem Wasser überbrühen und etwa 5 Minuten darin liegen lassen. Die Häute lassen sich anschließend wunderbar abziehen. Dann die Mandeln in einer (am besten beschichteten) Pfanne leicht bräunen – so entfalten sie ihr ganzes Aroma. Etwas abkühlen lassen.
- Die Tomaten in Stücke schneiden, dabei mit einem Teelöffel die Samen entfernen, und die Stücke in eine zum Pürieren geeignete Schüssel geben.
- Den Knoblauch schälen, grob zerkleinern und mit den Mandeln, den Basilikumblättern sowie den Gewürzen in die Schüssel geben. Alles zusammen mit dem Mixstab pürieren. Das Öl träufeln Sie währenddessen nach und nach dazu.

Pesto mit roten Peperonischoten

Die Zutaten ergeben 350 bis 400 ml Pesto, für 4 Personen.

etwa 20 Mandeln
150 g eingelegte, mittelscharfe rote Peperonischoten
2 Knoblauchzehen
½ EL frischer Thymian oder Rosmarin
1 TL Tomatenmark
etwa ½ TL Meersalz
etwas frisch gemahlener schwarzer Pfeffer
etwas frisch geriebener Muskat
etwa 150 ml natives Olivenöl extra

- Die Mandeln mit kochendem Wasser überbrühen und etwa 5 Minuten darin liegen lassen. Danach kann man die Häute wunderbar abziehen. Dann die Mandeln etwas abtrocknen lassen und in einer Pfanne leicht anbräunen – so entfalten sie ihr ganzes Aroma. Etwas abkühlen lassen.
- Den Knoblauch schälen und ebenso wie die Peperoni mit dem Messer etwas zerkleinern. Mandeln, Peperoni, Knoblauch, Kräuter, Tomatenmark und Gewürze in ein geeignetes hohes Gefäß geben und mit dem Pürierstab klein mixen. Geben Sie so lange immer wieder Öl dazu, bis sich eine homogene Masse gebildet hat – das Pesto soll weder flüssig noch fest sein. Übrigens: Da Pesto »Zerstampftes«, »Zerquetschtes« bedeutet – machen Sie die Bestandteile nicht zu klein. Aber wie immer ist auch hier Ihr eigener Geschmack gefragt.
- Je nachdem, wie scharf das Pesto sein soll, kann man natürlich auch frische Peperonischoten zugeben. Auch hier entscheidet am besten der eigene Geschmack. Wer es gerne sehr scharf mag, macht das Gericht gleich mit entkernten, frischen roten Chilischoten. Vor einem geplanten Mexiko- oder Asienurlaub eignet sich dieses Gericht dann bestens als »Trainingseinheit« ...

 Tipp: Dazu passen wunderbar alle Arten von Pasta. Am besten eignen sich vielleicht Penne, Pappardelle oder Spaghetti. Für 2 Personen etwa 250 g Nudeln bissfest kochen und vor dem Anrichten in einer vorher leicht erhitzten Pfanne mit dem Pesto vermischen.

Pesto mit Pomodori secchi

Pesto aus getrockneten Tomaten

Die Zutaten ergeben etwa 500 ml Pesto, für 4 Personen.

150 g getrocknete Tomaten (Pomodori secchi)
Wasser zum Einweichen der Tomaten
3 Knoblauchzehen
einige Blätter frisches Basilikum oder frischer Oregano
½ TL Meersalz
etwas frisch gemahlener Pfeffer
100 ml natives Olivenöl extra
etwa 50 ml Wasser

- Die getrockneten Tomaten über Nacht in Wasser einlegen (die Tomaten sollten ganz bedeckt sein). Vor der weiteren Zubereitung die Tomaten ausdrücken, um so das überschüssige Wasser zu entfernen.
- Den Knoblauch schälen und mit den Kräutern und Gewürzen im Mixer oder Mörser zerkleinern, dabei immer wieder etwas von dem Öl zugeben. Dann die in kleinere Stücke geschnittenen Tomaten dazugeben und ebenfalls zerkleinern. Erst die gesamte Ölmenge verwenden und dann nach Bedarf Wasser zugießen, bis sich eine sämige Masse ergeben hat.

Eingelegte Pomodori secchi

In der Sonne getrocknete Tomaten mit dem Aroma des Sommers

für 2 Personen

250 g getrocknete Tomaten (Pomodori secchi)
Wasser zum Einweichen der Tomaten
1 Knoblauchzehe
etwa 10 EL mildes natives Olivenöl extra
frisch gemahlener Pfeffer
1 Prise Meersalz
1 Handvoll frisches Basilikum oder etwas frische glattblättrige Petersilie

- Die getrockneten Tomaten 60 Minuten in Wasser einweichen und danach vorsichtig ausdrücken. Den Knoblauch schälen und sehr fein hacken. Dann die Tomaten mit dem Knoblauch und reichlich Olivenöl vermischen und in ein verschließbares Gefäß geben. Mit Pfeffer und Salz abschmecken. Vorsicht: Die Pomodori secchi sind oft schon gesalzen.
- Zum Schluss die Basilikumblätter klein zupfen und diese mit den Tomaten vermischen. Die Menge des Olivenöls bleibt Ihnen überlassen: 5 – 50 EL, wenn Sie doch eine vage Richtlinie brauchen sollten. Machen Sie es ganz nach Ihrem Geschmack. Die Tomaten sollten vor dem Servieren dann noch mindestens einen halben Tag durchziehen.

 Tipps: *Geben Sie die Basilikumblätter zum größten Teil erst kurz bevor Sie die Tomaten essen wollen dazu. Das Basilikum schmeckt so viel besser und behält sein frisches Grün.*
Antipasti wie eingelegte getrocknete Tomaten, eingelegte Auberginen (siehe Seite 56), oder marinierte Champignons (siehe Seite 57) eignen sich sehr gut auch als leckerer Brotbelag oder als Beilage zu Brot. Gerade für Neueinsteiger in die vegane Ernährung sind Antipasti häufig auch gute Alternativen zu früheren Vesperzutaten wie Käse oder Wurst. Alle Antipasti schmecken nicht nur als Vorspeise lecker, sondern machen sich auch sehr gut bei einer Feier oder Party. Auch als Bestandteile eines kalten Büfetts sind die mediterranen Köstlichkeiten sehr beliebt. Die Anzahl der Personen, die von den angegebenen Zutatenmengen der Rezepte jeweils satt wird, kann nur ungefähr angegeben werden, denn üblicherweise isst man zu Antipasti weitere Gerichte wie Brot und anderes.

Eingelegte Auberginen

Diese Auberginen eignen sich auch wunderbar
für ein Picknick oder eine Wanderung.

für 2 Personen

3 Auberginen
reichlich natives Olivenöl extra
etwa 5 Knoblauchzehen
Meersalz
frisch gemahlener Pfeffer

- Die Auberginen der Länge nach in etwa 5 mm dicke Scheiben schneiden. Diese dann in einer Pfanne mit etwas Olivenöl anbraten, bis sie goldbraun gefärbt sind.
- Die Knoblauchzehen schälen und in sehr feine Querscheiben schneiden.
- Dann alle Scheiben in einem verschließbaren Gefäß übereinanderschichten: Auf eine Lage Auberginenscheiben kommen etwa fünf dünne Scheibchen roher Knoblauch. Mit jeweils 1 Prise Meersalz und frisch gemahlenem Pfeffer würzen und mit etwas Olivenöl beträufeln. So weitermachen, bis alle Auberginen eingelegt sind.
- Danach abkühlen lassen und über Nacht in den Kühlschrank stellen – so kann sich das Aroma voll entfalten.

Marinierte Champignons

Lecker zu Brot und Brötchen

für 2 bis 3 Personen

300 g Champignons
1 kleine Zwiebel
1 Knoblauchzehe
mildes natives Olivenöl extra
frisch gemahlener schwarzer Pfeffer
etwas frisch geriebener Muskat
½ TL frischer oder getrockneter Thymian
    oder 2 EL frische glattblättrige Petersilie
2 Prisen Meersalz

Marinade
1 EL Balsamessig
5 EL mildes natives Olivenöl extra
Meersalz
frisch gemahlener Pfeffer

- Die Champignons mit einem Pinsel säubern und in feine Scheiben schneiden. Die Zwiebel und die Knoblauchzehe schälen und sehr fein hacken. Olivenöl in einer Pfanne erhitzen und darin Zwiebel und Knoblauch anschwitzen. Dann die Pilze dazugeben. Mit Pfeffer, Muskat und den klein gehackten Kräutern würzen.
- Nach etwa 5 Minuten die Pfanne von der Kochstelle nehmen und mit Meersalz abschmecken.
- Für die Marinade in einer entsprechend großen Schüssel (bitte keinen Kunststoff verwenden, weil die Marinade dann zuweilen leicht danach schmeckt) Balsamessig mit Olivenöl vermischen und die Pilze aus der Pfanne dazugeben. Alles gut vermengen und mit Salz und Pfeffer abschmecken.
- Schon in diesem Zustand schmecken die Pilze wunderbar! Damit sich die Aromen voll entwickeln, sollte man die Pilzmischung aber vor dem Servieren noch 2 Stunden kühl stellen.

Brotaufstriche und Brotbelag

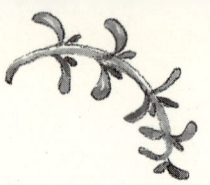

Ingwer geröstet

Eine leckere Idee nicht nur für Ingwerfans

für etwa 2 Personen

1 Stück frischer Ingwer (3 – 4 cm groß)
5 – 6 EL Sesamsamen
etwa 50 g reine Pflanzenmargarine
2 – 3 Prisen Meersalz
etwas frisch gemahlener Pfeffer
2 – 3 Messerspitzen Currypulver

- Den Ingwer schälen und sehr klein hacken. Dann zusammen mit dem Sesam und dem Fett in einem kleinen Pfännchen oder Töpfchen knusprig rösten.
- Nun von der Hitzequelle nehmen und würzen. Bitte beachten, dass man den Pfanneninhalt im Auge behalten muss, denn die Pfanne ist noch heiß – also immer umrühren. Am besten lässt man jetzt alles noch 1 – 2 Minuten stehen, so können sich die Aromen vermischen.
- Dann nach Belieben (einen Esslöffel davon als Vorschlag) auf eine Scheibe Brot und direkt in den Mund! Vorsicht – scharf, heiß! –, aber herrlich!

Gebratene Auberginenscheiben

Schmeckt als Ergänzung zu jedem pikanten Brotaufstrich,
kann aber auch pur auf Brot gegessen werden.

für 2 Personen

2 Auberginen
natives Olivenöl extra
Meersalz
frisch gemahlener Pfeffer
eventuell 2 reife Tomaten
eventuell 1 Knoblauchzehe
eventuell frisches Basilikum

- Die Auberginen in etwa 1 cm dicke Querscheiben schneiden, auf beiden Seiten in Olivenöl anbraten. Mit Salz und frisch gemahlenem Pfeffer abschmecken.
- Die Scheiben können nach dem Braten mit verschiedenen Saucen oder Gewürzen verfeinert werden. Vermischen Sie zum Beispiel einige Tomatenwürfelchen und geschälten, zerdrückten Knoblauch mit etwas Olivenöl, schmecken Sie mit Meersalz und Pfeffer aus der Mühle ab und setzen Sie diese Mischung auf die Auberginenscheibchen. Zum Schluss mit klein gezupften Basilikumblättern bestreuen. Man kann die Scheiben einfach aufs Brot legen oder wenn Gäste kommen als Antipasti anrichten.

Grünkernaufstrich

Die kernig kräftige Note

Die Zutaten ergeben etwa 350 ml Aufstrich.

2 Zwiebeln
natives Olivenöl extra
100 g Grünkernschrot (am besten frisch geschrotet)
½ TL Meersalz
frisch gemahlener Pfeffer
frisch geriebener Muskat
edelsüßes Paprikapulver
200 ml Wasser
2 – 3 Knoblauchzehen

- Die Zwiebeln schälen, klein schneiden und in etwas Olivenöl goldgelb dünsten. Dann den etwas grob geschroteten Grünkern dazugeben und etwa 1 Minute leicht mitrösten. Jetzt schon würzen. Mit dem Wasser ablöschen und ungefähr 30 Minuten quellen lassen.
- Die Masse soll danach die Konsistenz eines feuchten Teiges haben und gut umzurühren sein. Ist sie noch zu fest, fügt man noch etwas Wasser hinzu. Zum Schluss die geschälten und sehr klein gewürfelten Knoblauchzehen und etwas Olivenöl zum Verfeinern dazugeben. Pikant abschmecken.

Asiatische Variante
½ TL Currypulver, 1 Messerspitze frisch geriebenen Ingwer und 2 EL klein geschnittene Petersilie dazugeben.

Meerrettichvariante
2 – 3 EL frisch geriebenen Meerrettich (oder Meerrettich aus dem Glas) dazugeben.

Frühlingsvariante
2 – 4 geraspelte Karotten, 2 in feine Ringe geschnittene Frühlingszwiebeln und 1 EL Tomatenmark dazugeben.

Vitalkugeln

Zum gesunden Naschen für Bärenkräfte

Die Zutaten ergeben etwa 430 g Vitalkugeln, etwa 70 Stück.

125 g Weizen
75 g Gerste
50 g Hafer
etwa 50 g Cashewnüsse (1 Handvoll)
75 g reine Pflanzenmargarine
50 ml Ahornsirup
1 TL Zimt
9 – 10 EL Wasser

- Das Getreide fein mahlen und die Cashewnüsse hacken. Das Mehl mit den Cashewnüssen ohne Fett in einem Topf rösten, bis es leicht braun wird und stark duftet. Dann die Margarine hineingeben und weiterrühren, bis sie ganz geschmolzen ist. Als Letztes Ahornsirup und Zimt dazugeben und nach 10 – 15 Sekunden den Topf von der Wärmequelle nehmen.
- Die Masse zu Kugeln formen, so lange sie noch warm ist. Um die Kugeln gut formen zu können, geben Sie entsprechend Wasser hinzu. Die Kugeln sollten einen Durchmesser von jeweils 2,5 – 3 cm haben.

 Tipp: Dieses Rezept hat seinen Ursprung in Indien. Dort werden die Kugeln auch »Milchbildungskugeln« genannt. Für stillende Mütter sehr gut geeignet! Aber auch für alle anderen Hungrigen, die viel Kraft brauchen. Zwar handelt es dabei um keinen Brotaufstrich, doch können die Kugeln gut stattdessen verzehrt werden. Sie schmecken aufgrund der Getreide-Nuss-Ahornsirup-Mischung, als ob man ein Brot mit süßem Aufstrich bestrichen hätte. Die Kugeln können gut eine volle Mahlzeit ersetzen.

Aufstrich mit Adzukibohnen

Cremig würziger Aufstrich

Die Zutaten ergeben 400 bis 500 g Aufstrich.

100 g getrocknete Adzukibohnen
Wasser zum Einweichen der Bohnen
etwa 500 ml Wasser zum Kochen der Bohnen
frisch gemahlener Pfeffer
etwas frisch geriebener Muskat
½ TL edelsüßes Paprikapulver
½ TL Currypulver
120 g zimmerwarme reine Pflanzenmargarine
1 Knoblauchzehe
etwa ½ TL Meersalz

- Die Bohnen über Nacht in etwa der doppelten Menge Wasser einweichen. Das restliche Wasser am nächsten Tag abgießen und die Bohnen im frischen Wasser kochen – mit den Gewürzen, aber ohne Salz. Das Salz beim Kochen von Hülsenfrüchten immer erst am Schluss zugeben – die Hülsenfrüchte werden so schneller weich. Nach 30 – 40 Minuten sind die Bohnen gar. Abgießen und auskühlen lassen.
- Dann in einer Schüssel mit der zimmerwarmen Margarine mit dem Pürierstab fein durchmixen. Jetzt nur noch die geschälte und fein geschnittene Knoblauchzehe unterrühren, abschmecken und fertig! Der Aufstrich schmeckt kräftig oder zart gewürzt wunderbar!

Linsenaufstrich orientalisch
Eine Entdeckung

Die Zutaten ergeben 400 bis 500 g Aufstrich.

2 mittelgroße Zwiebeln
2 Knoblauchzehen
1 Karotte
natives Olivenöl extra
150 g Berglinsen
frisch gemahlener Pfeffer
etwas frisch geriebener Muskat
½ TL Currypulver
2 Messerspitzen edelsüßes Paprikapulver
etwa ½ TL gemahlener Kreuzkümmel
etwa ½ TL Meersalz
etwa 250 ml Wasser
5 – 6 gehäufte EL Sonnenblumenkerne
50 ml kalt gepresstes Sonnenblumenöl
1 rote Paprikaschote
etwa 2 Blätter Chinakohl
1 Frühlingszwiebel

- Die Zwiebeln und 1 Knoblauchzehe schälen, beide Zutaten ebenso wie die Karotte in grobe Stücke schneiden und in etwas Olivenöl anschwitzen. Dann die Linsen und die Gewürze dazugeben und 1 – 2 Minuten ziehen lassen. Mit dem Wasser ablöschen und die Linsen gemäß der Packungsanleitung gar kochen. Anschließend alles mit dem Pürierstab mischen und kalt werden lassen.
- Die Sonnenblumenkerne in einer Pfanne mit etwas von dem Sonnenblumenöl knusprig bräunen. Die Paprika entkernen und die zweite Knoblauchzehe schälen. Paprika, Knoblauch, Chinakohl und Frühlingszwiebel sehr fein schneiden.
- Das Gemüse mit dem restlichen Öl, den Sonnenblumenkernen und der Linsenmasse vermischen. Abschmecken und vor dem Servieren etwa 3 Stunden kalt stellen.

Toskanischer Linsenaufstrich

Kräftiger Aufstrich mit frischen Kräutern

Die Zutaten ergeben etwa 400 g Aufstrich.

2 mittelgroße Zwiebeln
3 Knoblauchzehen
1 mittelgroße Karotte
mindestens 50 ml natives Olivenöl extra (am besten aus der Toskana)
150 g Berglinsen
etwas frisch gemahlener Pfeffer
etwas frisch geriebener Muskat
1 Messerspitze Currypulver
½ TL edelsüßes Paprikapulver
½ TL Meersalz
1 TL frische Kräuter (zum Beispiel Thymian, Rosmarin, Petersilie)
etwa 250 ml Wasser
5 – 10 schwarze Oliven

- Die Zwiebeln und 2 Knoblauchzehen schälen, ebenso wie die Karotte in grobe Stücke schneiden und in etwas von dem Olivenöl anschwitzen. Dann die Linsen, die Gewürze sowie etwa die Hälfte der klein geschnittenen Kräuter dazugeben und 1 – 2 Minuten ziehen lassen. Mit dem Wasser ablöschen und die Linsen gemäß der Packungsanleitung gar kochen. Anschließend alles mit dem Mixstab pürieren und kalt werden lassen.
- Die Olivensteine mit dem Messer entfernen und die Oliven in kleine Würfelchen schneiden. Die dritte Knoblauchzehe schälen und ebenso wie die restlichen Kräuter sehr fein hacken. Alles zusammen mit dem restlichen Olivenöl und der Linsenmasse gut verrühren. Nochmals abschmecken und vor dem Servieren etwa 3 Stunden kalt stellen.

Tomatenaufstrich

Begeistert alle! Auch Nichtveganer

Die Zutaten ergeben etwa 250 ml Aufstrich.

2 Karotten
1 Knoblauchzehe
1 kleine Zwiebel
1 – 2 EL frisches Basilikum oder frischer Oregano
    (bei getrockneten Kräutern jeweils 1 EL)
4 gehäufte EL Tomatenmark
3 Prisen Meersalz
etwas frisch gemahlener Pfeffer
etwas frisch geriebener Muskat
½ TL edelsüßes Paprikapulver
etwa 150 g zimmerwarme reine Pflanzenmargarine
    oder etwa 100 ml natives Olivenöl extra

- Die Karotten sehr fein raspeln, die Knoblauchzehe und die Zwiebel schälen und ebenso wie die Kräuter sehr fein schneiden. Diese Zutaten mit Tomatenmark und Gewürzen vermischen und mit der zimmerwarmen Margarine oder dem Olivenöl zu einer streichbaren Masse verrühren.

Paprikaaufstrich

Rotes, würzig duftendes Geschmackserlebnis

Die Zutaten ergeben etwa 300 g Aufstrich.

2 rote Paprikaschoten
1 – 2 Knoblauchzehen
etwa 100 ml natives Olivenöl extra
2 – 3 Prisen Meersalz
etwas frisch gemahlener Pfeffer
etwas frisch geriebener Muskat
1 TL edelsüßes Paprikapulver
etwa 2 EL frische Petersilie

- Die Paprika entkernen und grob würfeln, den Knoblauch schälen und ebenfalls grob würfeln. Mit Ausnahme der Petersilie alle Zutaten im Mixer oder mit dem Pürierstab zerkleinern. Da die Masse streichbar sein soll, muss man die Ölmenge entsprechend anpassen. Zunächst wenig zugeben. Erst zum Schluss die klein gehackten Kräuter dazugeben und unterrühren.

Peperoniaufstrich

Feurig scharf mit frischen Kräutern

Die Zutaten ergeben etwa 250 g Aufstrich.

1 – 2 frische Peperonischoten
1 – 2 Knoblauchzehen
100 ml kalt gepresstes Sonnenblumenöl
½ TL edelsüßes Paprikapulver
2 – 3 Prisen Meersalz
etwas frisch gemahlener schwarzer Pfeffer
2 EL frischer Schnittlauch
2 EL frische Petersilie

- Die Peperoni entkernen und fein schneiden. Den Knoblauch schälen und klein würfeln. Beide Zutaten mit dem Öl und Paprikapulver in einem hohen Gefäß mit dem Pürierstab so zerkleinern, dass die Zutaten noch zu erkennen sind. Zum Schluss mit Salz und Pfeffer abschmecken und die fein gehackten Kräuter dazugeben.

Basilikumaufstrich

Für die italienischen Momente im Leben

Die Zutaten ergeben etwa 250 g Aufstrich.

2 – 3 EL Mandeln
1 Knoblauchzehe
1 Bund frisches Basilikum
150 g zimmerwarme reine Pflanzenmargarine
2 – 3 Prisen Meersalz
etwas frisch gemahlener Pfeffer

- Die Mandeln mit heißem Wasser überbrühen und 5 – 10 Minuten darin liegen lassen, dann sind die Häute gut zu entfernen. Danach die Mandeln in einer beschichteten Pfanne ohne Fett leicht anrösten und anschließend klein hacken.
- Den Knoblauch schälen und sehr fein schneiden, das Basilikum in Stücke zupfen. Die zimmerwarme Pflanzenmargarine mit dem Basilikum, den Mandeln, der Knoblauchzehe und den Gewürzen gut vermischen. Vor dem Servieren kalt stellen.

Salbeiaufstrich

Mediterrane Köstlichkeit

Die Zutaten ergeben 250 bis 300 g Aufstrich.

1 Bund frischer Salbei
3 Knoblauchzehen
etwas kalt gepresstes Sonnenblumenöl
2 – 3 Prisen Meersalz
frisch gemahlener Pfeffer
150 g zimmerwarme reine Sonnenblumenmargarine
etwas frisch geriebener Muskat

- Die Salbeiblätter grob zerkleinern, 2 Knoblauchzehen schälen und in feine Querscheiben schneiden. Beide Zutaten mit etwas Sonnenblumenöl in einer Pfanne bei sanfter Hitze knusprig rösten. Mit Salz und Pfeffer würzen und abkühlen lassen.
- Dann den Salbei in einer Schüssel mit der zimmerwarmen Margarine, dem Muskat und der dritten geschälten, sehr fein geschnittenen Knoblauchzehe verrühren, abschmecken und den Aufstrich vor dem Servieren etwa 3 Stunden kalt stellen.

Kräuter-Mandel-Aufstrich

Für die ganze Familie – schmeckt lecker auf allen Pausenbroten

Die Zutaten ergeben etwa 500 g Aufstrich.

150 g Mandeln
1 Karotte
1 Knoblauchzehe
½ Bund frische Petersilie
½ Bund frischer Schnittlauch
2 – 3 Prisen Meersalz
etwas frisch gemahlener Pfeffer
etwas frisch geriebener Muskat
2 Messerspitzen edelsüßes Paprikapulver
1 Prise Currypulver
250 g zimmerwarme reine Pflanzenmargarine

* Die Mandeln mit heißem Wasser überbrühen, 5 – 10 Minuten darin liegen lassen, dann enthäuten, grob hacken und in einer beschichteten Pfanne ohne Fett leicht anrösten.
* Die Karotte sehr fein raspeln, die Knoblauchzehe schälen und ebenso wie die Kräuter sehr fein schneiden. Karotte, Knoblauch und Kräuter zusammen mit den Gewürzen, den gehackten Mandeln und der zimmerwarmen Margarine in eine Schüssel geben. Alles vermischen und abschmecken.

Karottenaufstrich

Gesunde Vielfalt

Die Zutaten ergeben 300 bis 400 g Aufstrich.

1 mittelgroße bis große Karotte
etwa 150 g zimmerwarme reine Sonnenblumenmargarine
eventuell frisch gepresster Saft einer halben Zitrone
3 EL Sesamsamen
kalt gepresstes Sonnenblumenöl
1 kleine Zwiebel
1 Knoblauchzehe
etwas frischer Majoran oder frische Petersilie
etwa 3 Prisen Meersalz
etwas frisch gemahlener Pfeffer
etwas frisch geriebener Muskat
etwa 3 Messerspitzen edelsüßes Paprikapulver

- Die Karotte fein reiben (wie für Salat). Mit der zimmerwarmen Margarine in eine Schüssel geben. Verwendet man Zitronensaft, verteilt man ihn jetzt gleichmäßig über die Karotten. Den Sesam in einer Pfanne mit etwas Sonnenblumenöl anrösten und beiseite stellen.
- Die Zwiebel und den Knoblauch schälen, ebenso wie die Kräuter sehr fein schneiden und diese Zutaten zusammen mit den Gewürzen zur Karottenmasse geben. Ebenso den Sesam hinzugeben. Alles gut miteinander vermischen, pikant abschmecken und vor dem Servieren etwa 3 Stunden kalt stellen.

Karotten-Mandel-Aufstrich

Etwas Süßes

Die Zutaten ergeben etwa 250 g Aufstrich.

70 g Mandeln
50 g zimmerwarme reine Pflanzenmargarine
120 g Karotten
1 EL Ahornsirup, Apfeldicksaft, Birnendicksaft oder Agavendicksaft
1 – 2 EL frisch gepresster Zitronensaft

- Die Mandeln kurz in sehr heißes Wasser legen, dann enthäuten und nach dem Abkühlen sehr fein mahlen.
- Die Margarine schaumig rühren. Die Karotten sehr fein reiben. Die gemahlenen Mandeln und die Karotten mit der Margarine, dem Sirup oder Dicksaft und dem Zitronensaft gut verrühren.

 Tipp: *Lecker auf frisch gebackenen Brötchen oder Reiswaffeln!*

Champignonaufstrich

Erfrischend, leicht und köstlich

Die Zutaten ergeben etwa 350 g Aufstrich.

1 Knoblauchzehe
150 g Champignons
2 – 3 Prisen Meersalz
etwas frisch gemahlener Pfeffer
etwas frisch geriebener Muskat
150 – 200 g reine Pflanzenmargarine
frisch gepresster Saft einer halben Zitrone
2 EL frische glattblättrige Petersilie

- Den Knoblauch schälen und fein würfeln, Champignons putzen und eben-falls fein würfeln. Beide Zutaten in einem Gefäß mit den Gewürzen, der zimmerwarmen Margarine sowie dem Zitronensaft mit dem Pürierstab gut vermischen. Die optisch schönere, aber etwas arbeitsintensivere Variante ist die, die Pilze sehr fein zu hacken und dann mit der Margarine und den anderen Zutaten ohne Zuhilfenahme des Pürierstabes zu vermischen.
- Abschmecken und die fein geschnittene Petersilie unterrühren. Danach die Masse vor dem Servieren etwa 3 Stunden im Kühlschrank durchziehen lassen.

Herzhafter Aufstrich mit Sonnenblumenkernen

Bauerntöpfchen

Die Zutaten ergeben etwa 300 g Aufstrich.

1 mittelgroße Zwiebel
etwa 200 g Sonnenblumenkerne
kalt gepresstes Sonnenblumenöl
Meersalz
etwas frisch gemahlener Pfeffer (grob gemahlen)
etwas frisch geriebener Muskat
1 Prise Currypulver
1 TL frischer Majoran nach Geschmack
Wasser nach Bedarf

- Die Zwiebel schälen und klein würfeln, die Sonnenblumenkerne in der Kaffeemühle oder im Thermomix fein mahlen. Die Zwiebel in etwas Sonnenblumenöl anschwitzen und die fein gemahlenen Sonnenblumenkerne zugeben. Mit Salz, Pfeffer, Muskat, Currypulver und dem Majoran würzen und etwas ziehen lassen. Danach mit so viel Wasser ablöschen, dass ein fester Brei entsteht.
- Die Masse einmal kurz aufkochen und zum Verfeinern direkt nach dem Aufkochen etwa 70 ml Sonnenblumenöl dazugeben. Alles verrühren, dann im Topf etwa 20 Minuten auf der ausgeschalteten Hitzequelle stehen lassen. Immer wieder mal umrühren.
- Die Masse in ein Tontöpfchen füllen und kalt stellen. Im Kühlschrank hält sich der Aufstrich mindestens vier Wochen.

 Tipp: *Dieser Aufstrich eignet sich auch besonders gut für Nichtveganer mit einer Vorliebe für Pikantes, da er sehr herzhaft schmeckt.*

Knoblauchaufstrich

Leckerer Aufstrich für Knoblauchfreunde

Die Zutaten ergeben etwa 200 g Aufstrich.

4 Knoblauchzehen
etwa 2 EL frische glattblättrige Petersilie
150 g zimmerwarme reine Pflanzenmargarine
2 – 3 Prisen Meersalz
etwas frisch gemahlener Pfeffer
etwas frisch geriebener Muskat

* Den Knoblauch schälen und sehr fein hacken. Die Petersilie klein schneiden. Dann alle Zutaten in einer Schüssel gut miteinander vermischen, abschmecken und vor dem Servieren etwa 60 Minuten in den Kühlschrank stellen.

 Tipp: Als Variante kann auch eine Karotte dazugerieben werden.

Aufstrich mit Rotweinzwiebeln

Edler Genuss

Die Zutaten ergeben etwa 300 g Aufstrich.

2 große Zwiebeln
150 g reine Pflanzenmargarine
3 Prisen Meersalz
etwas frisch gemahlener schwarzer Pfeffer
etwas frisch geriebener Muskat
etwa 1 Glas Rotwein (100 ml)
oder etwa ½ Glas ungesüßter Holundersaft (50 ml)

* Die Zwiebeln schälen, klein würfeln und in etwas von der Margarine goldgelb dünsten. Dann die Gewürze und den Rotwein oder Holundersaft zugeben und bei schwacher Hitze so lange einkochen lassen, bis die Flüssigkeit fast ganz verdampft ist. Sobald die Zwiebeln abgekühlt sind, mit der restlichen Margarine gut vermischen.

Zwiebelschmalz

Ein rustikaler Brotaufstrich

Die Zutaten ergeben etwa 400 g Aufstrich.

2 – 3 große Zwiebeln
1 Bund Petersilie
½ TL Meersalz
etwas frisch gemahlener Pfeffer
etwas frisch geriebener Muskat
1 – 2 Prisen Currypulver
200 g ungehärtetes Kokosfett
3 Messerspitzen edelsüßes Paprikapulver

- Die Zwiebeln schälen und in kleine Würfelchen schneiden. Die grünen Stängel der Petersilie klein schneiden und mit den Zwiebelwürfeln 20 – 30 Minuten mit Salz, Pfeffer, Muskat sowie Currypulver bei mittlerer Hitze im Kokosfett anbraten. Zum Schluss mit Paprikapulver abschmecken. Etwa 15 Minuten abkühlen lassen.
- Dann in ein hitzebeständiges, verschließbares Gefäß füllen. Wichtig: Da die festen Bestandteile beim Abkühlen des flüssigen Fettes die Tendenz haben, auf den Boden des Gefäßes abzusinken, ist es notwendig, dabei die Masse immer wieder umzurühren.

Salate

Salatsauce und Vinaigrette

für jeweils 2 bis 3 Personen

Salatsauce
1 kleine Zwiebel
2 Prisen Meersalz
etwas frisch gemahlener Pfeffer
etwas frisch geriebener Muskat
etwa 4 EL kalt gepresstes Pflanzenöl guter Qualität
 (zum Beispiel Sonnenblumenöl, Olivenöl, Rapsöl, Nussöl, Distelöl)
3 – 4 EL Weißweinessig, Balsamessig
 oder frisch gepresster Saft einer Zitrone
3 – 4 EL Wasser

- Die Zwiebel schälen und sehr fein würfeln. Mit den Gewürzen, dem Öl, Essig und Wasser verrühren.
- Als Variante passt eine Knoblauchzehe – geschält und sehr fein gehackt – gut dazu.

Vinaigrette (Klassisches Dressing)
1 gestrichener EL Senf
etwa 3 EL Weißweinessig, Balsamessig
 oder frisch gepresster Saft einer Zitrone
4 EL kalt gepresstes Pflanzenöl guter Qualität
 (zum Beispiel Sonnenblumenöl, Olivenöl, Rapsöl, Nussöl, Distelöl)
Meersalz
frisch gemahlener Pfeffer
etwas frisch geriebener Muskat
1 kleine Zwiebel

- Den Senf, Essig und etwas Öl mit einem Schneebesen verrühren. Hierbei bindet der Senf die Flüssigkeit. Indem man weiter nach und nach Öl unter beständigem Rühren zugibt, entsteht eine sämige Flüssigkeit. Dann abschmecken.
- Die Zwiebel schälen, sehr fein würfeln und zum Schluss dazugeben.

Blattsalat mit Vollkorncroûtons

Vitaminreich durch Herbst und Winter

für 2 bis 4 Personen (bei Feldsalat für 2 bis 3 Personen)

1 Kopfsalat, 1 Endiviensalat oder 500 g Feldsalat
1 Rezeptmenge Salatsauce nach Wahl (siehe Seite 79)

Vollkorncroûtons nach Geschmack
2 Scheiben Vollkornbrot
eventuell etwas natives Olivenöl extra

- Den Salat in einzelne Blätter teilen, Verwelktes und härtere Strunkteile entfernen. Den Salat in der Regel mindestens dreimal waschen. Die klassische Regel hierzu lautet: Einfach so lange waschen, bis er sauber ist. Danach das Wasser möglichst in einer Salatschleuder oder mit einem Geschirrtuch entfernen. Die Blätter in mundgerechte Stücke zupfen und in eine Schüssel geben.
- Den Salat erst direkt vor der Mahlzeit mit der Salatsauce vermischen.
- Nach Belieben Vollkorncroûtons zum Salat servieren: Dafür das Brot in kleine Würfel schneiden, in etwas Öl knusprig braun rösten und auf den angerichteten Salat streuen.

Tipps: Blattsalate sollten sofort serviert und gegessen werden, weil sie schnell zusammenfallen.
Zum Öl: Gutes Öl erkennt man zuallererst am guten Geschmack. Ansonsten helfen Bezeichnungen wie »nativ«, »nativ extra« oder »extra vergine«, um ein gutes Öl beim Einkauf erkennen zu können.
Zur Lagerung von Öl: Hochwertige Öle sollten etwas kühler als Zimmertemperatur und dunkel gelagert werden. Besonders wichtig: Es sollte so wenig Sauerstoff wie möglich mit dem Öl in der Flasche in Berührung kommen. Die bei Sauerstoffkontakt stattfindende Oxidation beeinträchtigt den Geschmack und die Haltbarkeit des Öls. Wenn man eine große Flasche Öl hat, füllt man das Öl während des Verbrauchszeitraumes in kleinere Gefäße, die der jeweiligen Restmenge entsprechen, sodass der durch die Entnahme des Öls entstehende luftgefüllte Raum im Gefäß möglichst klein bleibt. Angebrochenes Öl sollte man innerhalb eines halben Jahres verbrauchen und Öl im geschlossenen Gefäß höchstens zwei Jahre aufbewahren. Natürlich schmeckt es frisch am besten!

Bunter Salat

Erfrischend bunte Vielfalt

für 2 bis 4 Personen

1 Kopfsalat oder Eisbergsalat
einige Blätter Radicchiosalat
   (nur wenige Blätter; viel Radicchio macht die Salatmischung bitter)
1 mittelgroße Karotte
1 roter Rettich oder 1 Bund Radieschen
½ Salatgurke
2 reife Tomaten
1 Rezeptmenge Salatsauce nach Wahl (siehe Seite 79)

- Den Salat in einzelne Blätter teilen, Verwelktes und härtere Strunkteile entfernen. Den Salat in der Regel mindestens dreimal waschen. Danach das Wasser möglichst in einer Salatschleuder oder mit einem Geschirrtuch entfernen.
- Das Gemüse waschen und putzen: Die Karotte fein raspeln, den Rettich oder die Radieschen in dünne Scheiben schneiden, die Gurke schälen, entkernen und ebenfalls in dünne Scheiben schneiden, die Tomaten klein würfeln.
- Das Gemüse mit den Blattsalaten und der Salatsauce gut vermischen.

Tomaten-Gurken-Salat

Sommerlich erfrischend

für 2 bis 3 Personen

5 reife Tomaten
1 Salatgurke
1 kleine Zwiebel
2 – 3 Prisen Meersalz
etwas frisch gemahlener Pfeffer
4 EL mildes natives Olivenöl extra
2 EL Weißweinessig

- Die Tomaten halbieren, die grünen Strünke entfernen. Gurke und Zwiebel schälen. Tomaten und Gurke in gleich große Würfel schneiden, die Zwiebel fein hacken. Das Gemüse mischen, mit Salz und Pfeffer würzen und etwa 10 Minuten ruhen lassen. Das Salz zieht Wasser aus dem Gemüse und ergänzt so das Dressing.
- Dann großzügig Olivenöl und etwas Weißweinessig zugeben, alles gut vermischen, abschmecken und servieren.

Italienischer Fenchelsalat mit Zitrone

Wunderbare mediterrane Salatkreation, erfrischend im Sommer und Winter

für 2 bis 3 Personen

2 Knollen Fenchel
1 unbehandelte Zitrone
etwa 5 EL mildes natives Olivenöl extra
2 – 3 Prisen Meersalz
etwas frisch gemahlener Pfeffer

- Den Fenchel in feine Querscheiben schneiden und auf einer Platte verteilen.
- Mit dem Zestenreißer die Schale von der Zitrone abziehen und in ein Schüsselchen geben. Die Zitrone anschließend auspressen. Olivenöl und Zitronensaft zur abgeriebenen Zitronenschale geben und würzen. Gut vermischen und gleichmäßig über den Fenchel träufeln.

Wildkräutersalat

Besonders gesund und abwechslungsreich

für 2 Personen

120 g Spitzkohl
1 rote Paprikaschote
120 g Radicchio
1 Handvoll frische Wildkräuter
    (zum Beispiel Löwenzahnblätter, Sauerampfer, Brennnesselspitzen)
1 Knoblauchzehe
4 EL kalt gepresstes Sonnenblumenöl
2 Prisen Meersalz
etwas frisch gemahlener Pfeffer
2 EL Cashewnüsse

- Den Spitzkohl halbieren, den Strunk entfernen. Die Paprika halbieren und entkernen. Dann Kohl, Radicchioblätter, Wildkräuter und Paprika in feine Streifen schneiden und in einer Schüssel mischen.
- Die Knoblauchzehe schälen, klein hacken und mit dem Sonnenblumenöl, Salz und Pfeffer verrühren. Den Salat mit diesem Dressing gut vermischen.
- Die Cashewnüsse klein hacken, dann in einer Pfanne ohne Fett goldbraun rösten. Kurz abkühlen lassen, bevor man sie vor dem Servieren über den Salat streut – die Kräuter werden durch die Wärme sonst braun.

Weißkrautsalat

Der klassische Wintersalat

für 4 bis 5 Personen

1 mittelgroßer Kopf Weißkraut (am besten Spitzkohl)
etwa 3 Prisen Meersalz
1 Zwiebel
etwa 5 EL kalt gepresstes Pflanzenöl guter Qualität
    (zum Beispiel Rapsöl, Sonnenblumenöl, Distelöl)
etwa 5 EL Weißweinessig
etwa 3 EL Wasser
½ TL gemahlener oder frisch gemörserter Kümmel
etwas frisch gemahlener Pfeffer
etwas frisch geriebener Muskat

- Den Krautkopf halbieren, den Strunk entfernen (keilförmig herausschneiden) und das Kraut in sehr feine Streifen schneiden. Dann das Kraut mit dem Meersalz in einer Schüssel gründlich durchkneten – so wird es zarter und entfaltet seinen Geschmack besser. Die Zwiebel schälen und klein würfeln.
- In einer großen Tasse die klein gewürfelte Zwiebel mit dem Öl, Essig, Wasser und den Gewürzen verrühren. Das Kraut in einer großen Schüssel mit dem Dressing vermischen. Besonders gut schmeckt der Salat, wenn er vor dem Servieren 2 Stunden oder einen halben Tag ruhen kann.

 Tipp: *Den Salat zum Durchziehen fest in der Schüssel zusammenpressen und vor dem Servieren noch einmal locker mischen.*

Krautsalat orientalisch

Weißkraut mit exotischen Gewürzen

für 4 bis 5 Personen

200 g Mandeln
1 mittelgroßer Kopf Weißkraut (am besten Spitzkohl)
1 Zwiebel
kalt gepresstes Distelöl
3 – 4 Prisen Meersalz
etwas frisch gemahlener Pfeffer
etwas frisch geriebener Muskat
½ TL Currypulver
½ TL Kurkuma
½ TL gemahlener Kreuzkümmel
1 – 2 Messerspitzen Cayennepfeffer
edelsüßes Paprikapulver
5 EL Weißweinessig
3 EL Wasser

- Die Mandeln mit kochend heißem Wasser überbrühen, einige Minuten darin liegen lassen, dann die weichen Häute ablösen. Die Mandeln anschließend in einer beschichteten Pfanne ohne Fett vorsichtig anrösten.
- Den Krautkopf halbieren, den Strunk entfernen (keilförmig herausschneiden) und das Kraut in sehr feine Streifen schneiden. Die Zwiebel schälen und klein würfeln.
- In einer großen Pfanne die Zwiebel in etwas Distelöl anschwitzen und das Kraut dazugeben. Pikant würzen und etwa 10 Minuten anbraten – dabei das edelsüße Paprikapulver erst kurz bevor man das Kraut aus der Pfanne nimmt darüberstreuen, es verbrennt sonst. Die Mandeln nach dem Anbraten dazugeben.
- Den Essig und das Wasser mit einem ordentlichen Schuss Distelöl (5 EL) in einer großen Tasse gut verrühren. Dann das angebratene Kraut in einer großen Schüssel mit dem Dressing vermischen.
- Besonders gut schmeckt der Salat, wenn er mindestens 1 – 2 Stunden vor dem Servieren durchziehen kann.

 Tipp: *Das Kraut zum Durchziehen fest in der Schüssel zusammenpressen und vor dem Servieren noch einmal locker mischen.*

Rotkrautsalat

Stärkt Knochen, Zähne und das Blut

für 4 bis 5 Personen

1 mittelgroßer Kopf Rotkraut
etwa 3 Prisen Meersalz
1 Zwiebel
etwa 5 EL Nussöl oder mildes natives Olivenöl extra
5 EL Balsamessig
3 EL Wasser
etwas frisch gemahlener Pfeffer
etwas frisch geriebener Muskat
3 gemörserte oder mit dem Messer zerdrückte Wacholderbeeren

- Den Krautkopf halbieren, den Strunk entfernen (keilförmig herausschneiden) und das Kraut in sehr feine Streifen schneiden. Dann mit dem Meersalz in einer Schüssel gründlich durchkneten – so wird das Kraut zart und entfaltet seinen Geschmack besser. Die Zwiebel schälen und klein würfeln.
- In einer großen Tasse die klein gewürfelte Zwiebel mit dem Öl, Balsamessig, Wasser und den Gewürzen verrühren. Das Kraut in einer großen Schüssel mit dem Dressing vermischen. Wenn der Salat vor dem Servieren mindestens 2 Stunden durchziehen kann, entfaltet er seinen Geschmack besonders gut.

 Tipp: *Das Kraut zum Durchziehen fest in der Schüssel zusammenpressen und vor dem Servieren noch einmal locker mischen.*

Sauerkrautsalat

Sauerkraut – das Geheimrezept aus der Seefahrerküche. Es schützt nicht nur vor Skorbut, sondern füllt auch unsere Vitamin-C-Reserven auf. So bleibt unsere Abwehrkraft gerade in den Wintermonaten gestärkt.

für 4 bis 6 Personen

1 – 2 Zwiebeln
1 – 2 Knoblauchzehen
4 EL kalt gepresstes Pflanzenöl guter Qualität
   (zum Beispiel Rapsöl, Olivenöl, Sonnenblumenöl, Distelöl)
3 Prisen Meersalz
etwas frisch gemahlener Pfeffer
etwas frisch geriebener Muskat
2 – 3 Messerspitzen Paprikapulver
½ TL frisch gemörserter Kümmel
2 Karotten
300 g Gewürzgurken
500 g frisches Sauerkraut

- Die Zwiebeln und den Knoblauch schälen, fein würfeln und mit dem Öl sowie den Gewürzen verrühren. Die Karotten fein raspeln und die Gewürzgurken in kleine Würfel schneiden. Diese Zutaten mit dem Sauerkraut in eine Schüssel geben und gut vermischen.
- Den Salat einen halben Tag durchziehen lassen. Dieses Gericht kann gut auch bereits am Vortag zubereitet werden.

Sauerkrautsalat mit Adzukibohnen

Eine pikante Variante mit Paprika, einem Gemüse,
das genauso wie Sauerkraut viel Vitamin C enthält

für 4 bis 5 Personen

200 g getrocknete Adzukibohnen
Wasser zum Einweichen und Kochen der Bohnen
1 Zwiebel
1 Knoblauchzehe
1 gelbe Paprikaschote
250 g frisches Sauerkraut
2 – 3 Prisen Meersalz
etwas frisch gemahlener Pfeffer
1 TL edelsüßes Paprikapulver
frisch geriebener Muskat
1 Prise Currypulver
2 EL passierte Tomaten
etwa 10 EL natives Olivenöl extra
etwa 5 EL Balsamessig
1 Bund frische glattblättrige Petersilie

- Die Adzukibohnen über Nacht in Wasser einweichen. Am nächsten Tag in reichlich frischem Wasser etwa 30 Minuten sanft gar kochen, wobei die Bohnen noch Biss haben sollten. Bitte nicht salzen! Dann abgießen, kurz mit kaltem Wasser abspülen und abkühlen lassen.
- Zwiebel und Knoblauchzehe schälen und fein schneiden. Die Paprika entkernen, in kleine Würfel schneiden und mit Zwiebel und Knoblauch mischen. Das Sauerkraut, die Bohnen, die Gewürze (das Currypulver sollte nicht im Vordergrund stehen) und die passierten Tomaten dazugeben. Jetzt alles mit dem Olivenöl und Balsamessig gut vermischen.
- Die Petersilie grob schneiden und vor dem Servieren unter den Salat mischen. Abschmecken und servieren.

Rote-Bete-Salat

Hilft bei Frieren, Schwäche, Blutarmut, Eisenmangel,
Erkältungsanfälligkeit und Winterdepression. Und die Hände
bekommen während der Zubereitung eine schöne rote Farbe.

für 2 bis 3 Personen

etwa 6 kleine Knollen Rote Bete
4 EL Balsamessig
4 EL mildes natives Olivenöl extra
4 EL Wasser
2 Prisen Meersalz
etwas frisch gemahlener Pfeffer
etwas frisch geriebener Muskat
2 kleine Zwiebeln
1 Knoblauchzehe
frische Petersilie zum Garnieren

- Fünf Knollen der Roten Bete halb mit Wasser bedeckt bei mittlerer Hitze gar kochen – je nach Größe dauert dies 60 – 90 Minuten. Am besten mit einem Messer prüfen. Die Rote Bete dann mit kaltem Wasser abschrecken und (nachdem sie etwas abgekühlt sind) gleich schälen – die Haut lässt sich so am besten entfernen.
- Danach die Rote Bete in dünne Scheiben oder Würfel schneiden und die übrige rohe Knolle fein raspeln. Die gesamte Rote Bete mit dem Essig, Öl, Wasser und den Gewürzen in einer Schüssel mischen. Klassischerweise nimmt man Öl und Essig im Verhältnis 2:1, aber nehmen Sie – als Tipp – etwas mehr Öl. Wie immer entscheidet auch hier Ihr Geschmack.
- Die Zwiebeln und die Knoblauchzehe schälen. Eine der Zwiebeln und die Knoblauchzehe sehr fein würfeln und unter den Salat mischen. Der Salat sollte vor dem Servieren etwas durchziehen und kann gut schon einige Zeit vor dem Essen vorbereitet werden.
- Vor dem Servieren die zweite Zwiebel in sehr feine Ringe schneiden und mit der grob gehackten Petersilie über dem Salat verteilen.

Rote-Bete-Karotten-Salat

Hält fit und wärmt – besonders gut im Winter

für 2 Personen

250 g Rote Bete
250 g Karotten
1 kleine Zwiebel
3 EL kalt gepresstes Sonnenblumenöl oder natives Olivenöl extra
2 EL Balsamessig
etwa 2 Prisen Meersalz
frisch gemahlener Pfeffer
etwas Wasser

- Die Rote Bete und die Karotten abbürsten und waschen. Wenn das Gemüse aus ökologischem Anbau stammt, braucht es nicht geschält zu werden. Die Rote Bete und die Karotten je nach Geschmack fein oder grob raspeln. Die Zwiebel schälen und in sehr kleine Würfel schneiden.
- Aus dem Öl, Essig, den Gewürzen und etwas Wasser eine Salattunke herstellen, das Gemüse dazugeben und vor dem Servieren etwa 30 Minuten ziehen lassen.

 Tipps: Dieser schnell zubereitete Salat ist mit das Gesündeste, das Sie essen können! Das verwendete Wurzelgemüse – Rote Bete und Karotten – enthält Eisen, weitere Mineralstoffe und Vitamine in großer Menge! Haare und Fingernägel bleiben oder werden schön. Die Abwehrkraft bleibt auch im Winter stark, und Rote Bete wärmt unseren Körper. Gerade bei Frauen, die tendenziell zu Eisenmangel und Frieren neigen, kann dieser Salat eine Lücke in der Ernährung schließen.
Reiben Sie einfach immer wieder mal ein Stück Rote Bete, eine Karotte oder etwas Sellerie frisch in den grünen Salat. Oder auch über gekochte Gerichte – natürlich ganz nach Geschmack.

Karotten-Sellerie-Salat auf Chicoréeblättern

Macht sich auch gut als Vorspeise oder Fingerfood

für 2 bis 4 Personen

5 mittelgroße Karotten
1 mittelgroße Knolle Sellerie
1 kleine Zwiebel
4 EL Nussöl oder mildes natives Olivenöl extra
frisch gepresster Saft einer Zitrone oder 4 EL weißer Balsamessig
3 EL Wasser
3 Prisen Meersalz
etwas frisch gemahlener Pfeffer
1 Chicorée

- Die Karotten und den Sellerie putzen, die Sellerieknolle schälen. Das Gemüse klein raspeln. Die Zwiebel schälen und fein würfeln. Gemüseraspel und Zwiebel mit einem guten Schuss Öl, dem Zitronensaft oder Balsamessig und dem Wasser vermischen. Zum Schluss mit Salz und Pfeffer abschmecken.
- Dann den Salat auf den Chicoréeblättern verteilt anrichten.

 Tipp: Möglicherweise erscheint Ihnen der Salat am Anfang zu trocken. Lassen Sie ihn in diesem Fall erst einmal eine Viertelstunde ziehen, bevor Sie eventuell etwas Wasser dazugeben, denn das Salz zieht noch Saft aus dem Gemüse, sodass dieses saftiger wird.

Griechischer Salat

Auch ohne Schafskäse schmeckt dieser griechische Salat wunderbar.

für 3 bis 4 Personen

250 g getrocknete rote Bohnen
(zum Beispiel Adzukibohnen, Kidneybohnen)
Wasser zum Einweichen und Kochen der Bohnen
1 rote Paprikaschote
1 gelbe Paprikaschote
1 grüne Paprikaschote
1 – 2 Zwiebeln
2 – 3 Knoblauchzehen
200 g passierte Tomaten
9 EL natives Olivenöl extra
etwas frisch gemahlener Pfeffer
etwa 3 Messerspitzen Paprikapulver
etwas frisch geriebener Muskat
½ TL frischer oder getrockneter Oregano
½ TL frischer oder getrockneter Thymian
100 g grüne Oliven
100 g schwarze Oliven
etwa 300 g gegarte Maiskörner

- Die Bohnen über Nacht in reichlich Wasser einweichen. Danach in der doppelten Menge frischem Wasser etwa 90 Minuten gar kochen.
- Die Paprikaschoten halbieren, entkernen und klein schneiden. Die Zwiebeln schälen und in feine Würfel schneiden, den Knoblauch schälen und zerdrücken.
- Dann die passierten Tomaten mit dem Öl, dem Knoblauch und den Gewürzen zu einer Marinade verrühren.
- Die Marinade mit den abgetropften Bohnen, Paprikawürfeln und Zwiebeln sowie den Oliven und dem Mais gut vermischen.
- Der Salat sollte vor dem Servieren mindestens 2 Stunden durchziehen. Man kann ihn auch schon gut am Tag zuvor zubereiten.

Nudel-Pesto-Salat

Schnell, lecker, kreativ

für 2 bis 3 Personen

250 g Vollkorn-Spaghetti oder Vollkorn-Farfalle
(es können natürlich auch andere Nudelsorten verwendet werden)
etwa 2 Prisen Meersalz
3 – 4 gehäufte EL Pesto Ihrer Wahl (siehe ab Seite 47)
frische Kräuter zum Garnieren (entsprechend dem verwendeten Pesto)
frische Tomatenstücke zum Garnieren
Oliven zum Garnieren

- Die Nudeln entsprechend der Packungsanleitung in Salzwasser al dente garen (oft 1 Minute kürzer, als auf der Packung angegeben ist). Dann abgießen und abkühlen lassen.
- Anschließend mit dem Pesto vermischen und mit frischen Kräutern, Tomatenstückchen und Oliven garnieren. Den Nudelsalat zum Beispiel mit einem Pesto aus getrockneten Tomaten (siehe Seite 54) zubereiten. Etwa 200 g Rucola dazugeben (Blattteile mit braunen oder gelben Stellen entfernen). Alles gut mischen und mit Meersalz und frisch gemahlenem Pfeffer abschmecken (bitte etwas Vorsicht mit dem Salz, weil das Pesto bereits Salz enthält).

Italienischer Nudelsalat

Leckerer Nudelsalat für jeden Tag und alle festlichen Gelegenheiten

für 2 bis 3 Personen

200 g Vollkorn-Farfalle
Meersalz
1 rote Paprikaschote
1 Knoblauchzehe
1 Zwiebel
2 EL grüne Oliven
2 EL Kapern
1 – 2 Auberginen
natives Olivenöl extra
etwas frisch gemahlener Pfeffer
etwas frisch geriebener Muskat
etwa 5 EL Balsamessig
3 Frühlingszwiebeln, frisches Basilikum oder frischer Rucola

- Die Nudeln entsprechend der Packungsanleitung in Salzwasser bissfest garen (oft 1 Minute kürzer, als auf der Packung angegeben ist). Dann abgießen und abkühlen lassen.
- Die Paprika halbieren, entkernen und in kleine Stücke schneiden. Die Knoblauchzehe und die Zwiebel schälen, fein schneiden und mit der Paprika, den Oliven und Kapern in eine Schüssel geben (die Oliven je nach Geschmack vorher entsteinen).
- Die Auberginen quer in Scheiben schneiden, in einer Pfanne mit etwas Olivenöl goldbraun anbraten und etwas abkühlen lassen. Dann zum Salat geben. Mit etwa ½ TL Meersalz, Pfeffer und Muskat würzen und mit etwa 5 EL Olivenöl und dem Balsamessig – je nach Geschmack – vermischen.
- Die Frühlingszwiebeln in feine Streifen schneiden oder Basilikum beziehungsweise Rucola in Blättchen zerteilen.
- Nudeln und Frühlingszwiebeln, Basilikum oder Rucola zum Salat geben, noch einmal durchmischen und abschmecken.

Indischer Reissalat

Eine kulinarische Reis(e)idee

für 2 bis 3 Personen

etwa 1 Tasse Vollkorn-Basmatireis (150 g)
1 TL Currypulver
etwa 2 Tassen Wasser (etwa 375 ml)
1 mittelgroße Zwiebel
1 Knoblauchzehe
1 rote Paprikaschote
100 – 200 g Erbsen
  (je nach Jahreszeit frisch, tiefgekühlt oder aus dem Glas)
eventuell 100 g schwarze Oliven
etwa ½ TL Zimt
½ TL Meersalz
frisch gemahlener schwarzer Pfeffer oder Cayennepfeffer
frisch geriebener Muskat
3 Messerspitzen edelsüßes Paprikapulver
abgeriebene Schale einer unbehandelten Zitrone
frisch gepresster Saft einer halben Zitrone
4 EL Kokosflocken
4 – 5 EL kalt gepresstes Sonnenblumenöl
2 Frühlingszwiebeln

- Den Reis mit dem Currypulver nach Packungsanleitung im Wasser gar kochen.
- Währenddessen die Zwiebel und den Knoblauch schälen und sehr fein schneiden. Die Paprika halbieren, entkernen und in kleine Stücke schneiden. Falls Sie frische Erbsen verwenden, diese kurz vorgaren oder blanchieren. Gegebenenfalls die Oliven entsteinen. Diese Zutaten mit dem fertig gegarten und abgekühlten Reis in einer Salatschüssel mischen.
- Die Gewürze, die abgeriebene Zitronenschale, den Zitronensaft, die Kokosflocken und das Öl zugeben. Alles gut vermischen.
- Die Frühlingszwiebeln in feine Streifen schneiden, dazugeben, nochmals gut mischen und abschmecken.

Köstliches aus nah und fern

Afghanische Lauchtäschchen

Leckeres für den großen und kleinen Hunger

für 2 bis 3 Personen

etwa 2 Tassen frisch gemahlenes Dinkelvollkornmehl (300 g)
etwa ½ Tasse Wasser (50 – 60 ml)
4 – 5 Prisen Meersalz
2 Stangen Lauch
frisch gemahlener Pfeffer
2 – 3 Messerspitzen Currypulver
etwas frisch geriebener Muskat
etwa 1 Messerspitze Cayennepfeffer
kalt gepresstes Sonnenblumenöl

- In einer Schüssel Mehl, Wasser und etwa die Hälfte des Salzes zu einem elastischen Teig vermischen. Der Teig muss dann etwa 30 Minuten ruhen. Danach noch einmal durchkneten.
- Von den Lauchstangen den größeren Teil der dunkelgrünen Blätter und die Wurzelenden abschneiden. Diese Blätter eignen sich noch gut für eine Suppe oder Gemüsebrühe. Die Stangen der Länge nach einschneiden, damit sich die Blätter auseinander biegen lassen, bevor man sie unter fließendem Wasser abspült. Danach in feine Streifen schneiden und diese in eine Schüssel geben. Dort alles kräftig durchkneten und mit dem restlichen Salz und den Gewürzen sowie etwa 2 EL (etwa 30 ml) Öl vermischen.
- Den Teig in etwa walnussgroße Bällchen teilen und dann zu Kreisen mit 8 – 10 cm Durchmesser auswellen. Je nach Größe des Teigstücks jeweils einen Esslöffel Lauch in die Mitte geben und den Kreis zu einem Halbkreis über die Füllung schlagen. Das Halbrund mit einer Gabel andrücken, sodass sich ein Muster von Sonnenstrahlen ergibt.
- Zum Schluss die Täschchen in einer Pfanne in ausreichend Sonnenblumenöl 5 – 10 Minuten goldgelb backen.

Kürbis afrikanisch

Genießen Sie den Zauber der Farben!

für 2 bis 4 Personen

200 – 250 g Hirse oder Vollkornreis
(Vollkornreis gibt ein kräftigeres Aroma und
enthält mehr Nährstoffe als weißer Reis)
400 – 500 ml Wasser
Meersalz
Currypulver

Kürbisgemüse
½ Hokkaidokürbis
1 große Zwiebel
1 Knoblauchzehe
natives Olivenöl extra
1 frische Peperonischote
2 rote Paprikaschoten
etwa ½ TL Meersalz
frisch gemahlener schwarzer Pfeffer
1 – 2 TL gemahlener Kreuzkümmel
1 – 2 TL edelsüßes Paprikapulver
etwas frisch geriebener Muskat
1 Messerspitze Currypulver
5 frische, reife Tomaten oder 300 – 400 g passierte Tomaten
gegebenenfalls Wasser nach Bedarf

- Hirse oder Reis im Wasser mit Salz in einem Topf bei geschlossenem Deckel aufkochen, dann bei kleiner Hitze 30 – 45 Minuten gar köcheln oder gar ziehen lassen (Hirse benötigt eventuell weniger Zeit). Um den Geschmack zu intensivieren, 1 Messerspitze Currypulver oder – für Currygetreide – etwa 1 TL Currypulver dazugeben. Das Currypulver ergänzt das Aroma des Kürbisgemüses sehr gut und gibt dem Getreide eine herrliche Farbe!
- Den Kürbis halbieren und mit einem Löffel die Kerne entfernen. Die Schale muss beim Hokkaidokürbis nicht entfernt werden – sie gart wunderbar mit und intensiviert die Farbwirkung mit einem herrlichen Orange. Den Kürbis in etwa 2 cm große Würfel schneiden.
- Die Zwiebel und die Knoblauchzehe schälen, klein würfeln und in Olivenöl anschwitzen. Dann die Kürbiswürfel dazugeben.
- Die Peperoni und die Paprikaschoten entkernen und klein schneiden: Peperoni in feine Querringe und die Paprika in grobe Würfel schneiden. Beides zum Kürbis in die Pfanne geben. Jetzt ist es auch Zeit für die Gewürze: Meersalz, Pfeffer aus der Mühle, Kreuzkümmel, edelsüßes Paprikapulver, Muskat und Currypulver. Alles ½ – 1 Minute in der Pfanne ziehen lassen.
- Dann die grob gewürfelten oder passierten Tomaten dazugeben und den Kürbis bei geschlossenem Deckel 10 – 15 Minuten al dente garen. Für mehr Flüssigkeit gegebenenfalls etwa Wasser dazugeben und abschmecken.
- Das Kürbisgemüse mit dem fertig gegarten Reis oder der Hirse servieren. Für alle, die gerne scharf essen, lässt sich noch eine zusätzliche Peperoni oder die etwas schärfere Chilischote verwenden – auch in diesem Fall zuerst die Kerne entfernen, dann klein schneiden und roh über das fertige Gemüse streuen.

Indische Gemüsepfanne

Leichtes Gemüsegericht mit asiatischen Aromen

für 2 bis 3 Personen

1 Zwiebel
kalt gepresstes Sonnenblumenöl
2 Karotten
1 Blumenkohl
frisch gemahlener schwarzer Pfeffer
1 Zucchino
1 gelbe Paprikaschote
etwa ½ TL Currypulver
etwas frisch geriebener Muskat
1 TL Tomatenmark
1 Kardamomkapsel
etwa 3 Prisen Meersalz
etwa 3 Messerspitzen edelsüßes Paprikapulver
etwa 100 ml Wasser
2 Knoblauchzehen

Kurkuma-Sesam-Nudeln
250 g Vollkorn-Fusilli (oder andere Nudeln)
etwa 50 ml Sonnenblumenöl oder Distelöl
3 – 4 EL Sesamsamen
1 TL Kurkuma
Meersalz
frisch gemahlener Pfeffer

- Die Zwiebel schälen, fein würfeln und in einer großen Pfanne mit reichlich Öl andünsten. Dann die in kleine Würfel geschnittenen Karotten dazugeben, ebenso den in kleine Röschen zerteilten Blumenkohl. Mit frisch gemahlenem schwarzen Pfeffer würzen.

- Den Zucchino klein würfeln, die Paprika entkernen und klein schneiden. Wenn das Karotten-Blumenkohl-Gemüse nach 10 Minuten Farbe angenommen hat, Zucchini, Paprika, Currypulver, etwas frisch geriebenen Muskat und das Tomatenmark dazugeben. Die Kardamomkapsel mit dem Messer leicht quetschen, sodass sich die Schale öffnet und man die schwarzen Samen entnehmen kann. Diese mit der flachen Seite der Messerklinge zerdrücken, gleich in die Pfanne geben und alles miteinander vermischen.
- Nachdem das Gemüse weitere 5 Minuten geschmort hat, mit Meersalz und Paprika würzen sowie mit dem Wasser ablöschen. 2 – 3 Minuten ziehen lassen, sodass sich der Fond vom Pfannenboden gut lösen und das Aroma wunderbar intensivieren kann. Zum Schluss abschmecken und den geschälten, sehr fein geschnittenen Knoblauch dazugeben.
- Für die Kurkuma-Sesam-Nudeln als Beilage die Nudeln nach Packungsanleitung bissfest garen, in ein Sieb abgießen und im Sieb zugedeckt stehen lassen.
- Den Nudelkochtopf zurück auf die Hitzequelle stellen, das Öl in den Topf geben und darin die Sesamkörnchen goldbraun rösten (die Kernchen springen im Topf und verbreiten einen wunderbaren Duft).
- Den Topf von der Hitzequelle nehmen, Kurkuma zugeben und mit dem Öl sowie dem Sesam gut verrühren. Dann die Nudeln dazugeben und alles miteinander mischen. Mit Salz und Pfeffer abschmecken.
- Die Nudeln mit der indischen Gemüsepfanne servieren.

Blumenkohl indisch

Blumenkohl in pikanter Currysauce

für 2 Personen

250 g Vollkornreis
etwa 500 ml Wasser
etwa 1 TL Meersalz
1 Zwiebel
etwa 100 g reine Pflanzenmargarine
3 EL fein gemahlenes Vollkornmehl
500 – 700 ml Wasser für die Sauce
frisch gemahlener Pfeffer
frisch geriebener Muskat
½ – 1 TL Currypulver
edelsüßes Paprikapulver
1 Blumenkohl
1 Knoblauchzehe
2 EL frische Petersilie

- Den Reis im Wasser ohne Salz einmal aufkochen, danach die Hitzequelle ausschalten, den Topf anschließend aber etwa 90 Minuten darauf stehen lassen. Nach 30 Minuten mit etwa 3 Prisen Meersalz würzen.
- Die Zwiebel schälen, klein schneiden und in etwas Margarine anschwitzen. Das restliche Fett und das Mehl dazugeben eine Mehlschwitze zubereiten: Dafür nach und nach das Wasser unter ständigem Rühren mit dem Schneebesen zugeben. Am besten immer wieder leicht aufkochen lassen, bevor man weiteres Wasser dazugibt.
- Dann mit etwa ½ TL Meersalz, Pfeffer, Currypulver und Paprikapulver würzen und den in Röschen zerteilten Blumenkohl etwa 15 Minuten darin garen. Dann die Knoblauchzehe schälen, fein schneiden und dazugeben.
- Den Blumenkohl mit dem Reis anrichten und die klein geschnittene Petersilie darüberstreuen.

Vadai

Knusprige Linsenküchle aus Sri Lanka

für 2 bis 3 Personen

500 g gelbe oder rote Linsen
Wasser zum Einweichen der Linsen
1 – 2 getrocknete, frisch gemörserte Chilischoten (je nach Geschmack)
1 EL frisch gemörserte Fenchelsamen
1 TL Currypulver
½ TL Meersalz
etwas frisch gemahlener Pfeffer
2 Zwiebeln
kalt gepresstes Pflanzenöl guter Qualität

- Die Linsen gut waschen und dann in einer Schüssel mit mindestens der doppelten Menge Wasser etwa 4 Stunden einweichen. Danach das restliche Wasser abgießen, die Gewürze dazugeben und alles zusammen mit dem Mixstab pürieren. Tipp: Machen Sie es nicht zu fein – der optische Reiz vergrößert sich dadurch.
- Die Zwiebeln schälen, klein würfeln und unter die feste Masse rühren.
- Pro Linsenküchle etwa einen gehäuften Esslöffel von dem Teig in eine vorgeheizte Pfanne mit heißem Öl geben und mit dem Löffel noch etwas flach drücken (0,5 – 1 cm dick). Die Vadai dann bei gemäßigter Hitze etwa 10 Minuten goldbraun braten. Im Originalrezept frittiert man sie.
- Wenn das restliche Öl vom Braten stört, legt man die fertig gebratenen Küchle nach dem Herausnehmen auf ein paar Blätter Küchenkrepp, wodurch das Öl abgesaugt wird.

 Tipp: *Vadai schmecken sehr gut als Hauptgericht mit einem frischen Salat, als Beilage oder als Fingerfood bei einer Feier.*

Gemüsepakoras

Wunderbar zu jeder Gelegenheit

für 2 bis 3 Personen

1 große Kartoffel
1 rote Paprikaschote
1 Zwiebel
1 kleiner Blumenkohl
100 g gegarte Maiskörner
220 – 250 g Kichererbsenmehl
3 EL fein gemahlenes Weizenvollkornmehl
1 TL Weinstein-Backpulver
½ TL Meersalz
frisch gemahlener Pfeffer
1 TL edelsüßes Paprikapulver
1 TL Currypulver
1 TL gemahlener Koriander
½ – 1 TL Cayennepfeffer
etwa 50 ml kaltes Wasser
Pflanzenfett guter Qualität

- Die Kartoffel knapp weich kochen, schälen und fein schneiden. Die Paprika entkernen und die Zwiebel schälen. Paprika, Zwiebel und Blumenkohl in kleine Würfel schneiden.
- Das gesamte Gemüse in einer Schüssel mit dem Mehl, dem Backpulver, den Gewürzen und dem kalten Wasser zu einem feuchten, breiartigen Teig verarbeiten. Probieren Sie den Teig auf jeden Fall: Er muss jetzt schon gut schmecken!
- Den Teig etwa 30 Minuten ruhen lassen, dann in einer Pfanne in kleinen Portionen in genügend Pflanzenfett goldgelb ausbacken. Die Größe bleibt Ihnen überlassen – als Vorschlag: Einen bis zwei Esslöffel Teig in die Pfanne geben und mit dem Löffel glatt streichen.

 Tipp: *Die Pakoras eignen sich gut als Hauptgericht mit einem frischen Salat, als Beilage oder auch kalt auf einem Partybuffet.*

Variante: Pfannkuchen

Lassen Sie das Gemüse bei der Herstellung der Gemüsepakoras weg, erhalten Sie eine Art Pfannkuchenteig, den Sie auch pur in der Pfanne zu kleinen Küchlein ausbacken können. Möchten Sie »normale« Pfannkuchen mit Getreidemehl, zum Beispiel Dinkel oder Weizen, backen, die üblicherweise mit Eiern und Milch hergestellt werden, verwenden Sie für einen rein pflanzlichen Teig statt Milch und Eiern einfach Wasser und zum Ausbacken Pflanzenmargarine oder ein gutes Öl. Um den Teig luftiger zu machen, können Sie auch Mineralwasser nehmen. Wie bei einigen anderen veganen Varianten bestehender Rezepte kommt man auch hier zu einem sehr guten Resultat.

Ungarisches Paprikagemüse

Rot, würzig, lebensfroh

für 2 bis 3 Personen

250 g Vollkornreis
Wasser zum Einweichen und Kochen des Reises
Meersalz

Paprikagemüse
2 rote Paprikaschoten
2 gelbe Paprikaschoten
2 grüne Paprikaschoten
1 Karotte
3 frische, reife Tomaten oder 100 – 150 g passierte Tomaten
2 Zwiebeln
kalt gepresstes Sonnenblumenöl
1 EL edelsüßes Paprikapulver
4 – 5 Prisen Meersalz
frisch gemahlener Pfeffer
frisch geriebener Muskat
1 Prise Currypulver
etwa 2 Tassen Wasser (etwa 200 ml)
100 g Champignons
eventuell etwa fein gemahlenes Vollkornmehl zum Binden der Sauce
2 Knoblauchzehen

- Den Reis über Nacht in etwa der doppelten Menge Wasser einweichen. Am nächsten Tag den eingeweichten Reis abgießen und in etwa 500 ml Wasser aufkochen. Dann auf der abgeschalteten Hitzequelle stehen lassen. Nach etwa 45 Minuten ist er gar. Bitte erst in der letzten Viertelstunde salzen.
- Währenddessen die Paprikaschoten halbieren und das Innere mit den Kernen entfernen. Dann die Schoten in größere Stücke schneiden. Die Karotte klein würfen, bei den Tomaten die Strünke entfernen und die Tomaten in kleinere Würfel schneiden.

- Die Zwiebeln schälen, klein schneiden und in etwas Öl andünsten. Dann Karotte, Paprika und die Gewürze zugeben, das Paprikapulver für einen Moment etwas anrösten (Vorsicht: Es verbrennt schnell!), dann mit den Tomaten und dem Wasser ablöschen. Das Ganze etwa 10 Minuten köcheln lassen, um die Sauce etwas einzukochen.
- Die Champignons in sehr dünne Scheiben schneiden und gegen Ende der Garzeit noch 1 Minute in der Sauce ziehen lassen. Wer mehr Sauce mag, nimmt mehr Wasser und bindet die Sauce mit Mehl ab. Zum Schluss den geschälten und fein gehackten Knoblauch darunterrühren und würzig abschmecken.
- Das Paprikagemüse mit dem Reis servieren.

Chinesische Gemüsepfanne

Asiatische Vielfalt, schnell zubereitet

für 2 bis 3 Personen

1 gelbe Paprikaschote
1 rote Paprikaschote
2 Karotten
1 Stange Lauch
1 kleiner Brokkoli
1 kleiner bis mittelgroßer Chinakohl
200 g Shiitake oder Champignons
1 Zwiebel
1 Knoblauchzehe
1 Stück frischer Ingwer (2 – 3 cm groß)
Kokosöl oder kalt gepresstes Sonnenblumenöl
3 – 4 Prisen Meersalz
frisch gemahlener Pfeffer
3 Messerspitzen Currypulver
etwa 100 ml Wasser

- Die Paprikaschoten halbieren, die Kerne entfernen und die Schoten in dünne Streifen schneiden. Ebenso die geputzten Karotten zerkleinern. Beim Lauch die trockenen und bräunlichen Blattteile entfernen, die Stangen längs aufschneiden und unter fließendem Wasser abspülen. Danach in feine Streifen schneiden. Den Brokkoli in kleine Röschen teilen. Den Chinakohl in schmale Streifen schneiden. Die Pilze eventuell mit einem Pinsel säubern und anschließend in dünne Scheiben schneiden. Zwiebel, Knoblauch und Ingwer schälen. Zwiebel klein würfen, Knoblauch und Ingwer fein hacken.
- In einer großen, mit Öl ausgefetteten Pfanne – am besten im Wok – Zwiebel, Knoblauch und Ingwer anschwitzen. Gleich danach das restliche Gemüse zugeben – mit Ausnahme der Pilze und des Chinakohls. Etwa 5 Minuten bei starker Hitze unter ständigem Rühren anbraten, dann den Kohl und die Pilze hinzufügen. Würzen. Nach maximal 1 – 2 Minuten mit dem Wasser ablöschen und 1 Minute ziehen lassen, sodass sich der Fond löst. Die Pfanne dann von der Hitzequelle nehmen, mit etwas Kokosöl oder Sonnenblumenöl verfeinern und nochmals abschmecken.

 Tipp: *Dazu schmecken Vollkornreis oder kurze Vollkornnudeln gut.*

Tomaten provençale

Schmeckt wunderbar als Vorspeise oder zum Abendessen

für 2 bis 3 Personen

1 kg reife Tomaten
natives Olivenöl extra
1 Zwiebel
2 Knoblauchzehen
150 g Vollkornsemmelbrösel
½ TL Meersalz
frisch gemahlener Pfeffer
½ TL frischer oder getrockneter Thymian

- Die Tomaten halbieren, die Strünke entfernen und die Tomaten mit den Schnittflächen nach oben auf ein mit Olivenöl bestrichenes Backblech legen. Gegebenenfalls auf den runden Seiten etwas gerade schneiden, sodass die Tomaten besser liegen bleiben.
- Die Zwiebel schälen, klein schneiden und in 100 ml Öl andünsten. Dann von der Hitzequelle nehmen. Den Knoblauch schälen, zerdrücken und mit den Semmelbröseln in die Pfanne geben. Würzen und mit dem zwischen den Fingern leicht zerdrückten Thymian gut vermischen.
- Die Tomatenhälften mit dieser Masse bestreichen und im vorgeheizten Backofen bei 180 °C (Grill oder Oberhitze) etwa 10 Minuten garen.

 Tipp: *Mit frischem Roggenbaguette servieren.*

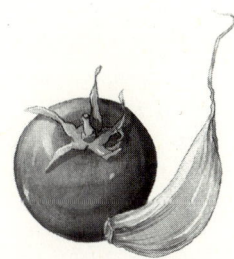

Ratatouille

Südfranzösisches Sommergericht, leicht und gesund

für 2 bis 3 Personen

1 Zwiebel
1 Knoblauchzehe
natives Olivenöl extra
2 Auberginen
2 Zucchini
2 rote Paprikaschoten und 1 gelbe Paprikaschote
  oder 1 rote Paprikaschote und 200 – 300 g passierte Tomaten
5 reife Tomaten
etwa ½ TL Meersalz
frisch gemahlener Pfeffer
etwas frisch geriebener Muskat
½ TL edelsüßes Paprikapulver
1 Lorbeerblatt
1 Zweig Rosmarin
1 – 2 EL frische Kräuter (zum Beispiel Petersilie, Basilikum)

- Die Zwiebel und den Knoblauch schälen, klein schneiden und in etwas Olivenöl anschwitzen. Die Auberginen, Zucchini und Paprikaschoten in große Würfel teilen. Die Tomaten klein schneiden. Auberginen, Zucchini und Paprika zur Zwiebel geben, 3 – 5 Minuten anschwitzen, danach die klein geschnittenen Tomaten und gegebenenfalls die passierten Tomaten zugeben.
- Mit den Gewürzen, Lorbeerblatt und Rosmarin würzen (die Rosmarin-nadeln vom Zweig streifen, indem man gegen den »Strich« fährt). Unter gelegentlichem Umrühren etwa 10 Minuten köcheln lassen, abschmecken, das Lorbeerblatt entfernen und das Gericht mit frischen Kräutern bestreut servieren.

 Tipp: In Frankreich isst man zum Beispiel frisches Baguette dazu. Es schmeckt aber auch wunderbar mit Reis als Beilage. Oder servieren Sie das Ratatouille doch mal anstatt einer Gemüsebeilage.

Kürbisrisotto

Herbstliche Köstlichkeit für Genießer

für 2 bis 3 Personen

200 – 250 g Hokkaidokürbis
1 Zwiebel
mildes natives Olivenöl extra
200 – 250 g Risottoreis
frisch gemahlener Pfeffer
etwa 1 Prise frisch geriebener Muskat
etwa 1 Prise Currypulver
½ TL Meersalz
400 – 500 ml Wasser
eventuell ½ Glas Sherry (etwa 50 ml)
1 Knoblauchzehe
eventuell etwas frische Petersilie zum Bestreuen

- Den Hokkaidokürbis halbieren und mit einem Löffel entkernen (Hokkaido-kürbis braucht man nicht zu schälen). Das Kürbisfleisch in kleine, maximal 1 cm große Stücke würfeln.
- Die Zwiebel schälen, klein hacken und in Olivenöl anschwitzen. Den Reis dazugeben und ganz leicht mit andünsten. Danach die Kürbiswürfel zugeben und 1 – 2 Minuten ziehen lassen.
- Mit Pfeffer, frisch geriebenem Muskat, Currypulver und dem Salz würzen (Menge nach Geschmack). Mit der Hälfte des Wasser und eventuell dem Sherry ablöschen. Dann Reis und Kürbis unter regelmäßigem Rühren 15 – 20 Minuten sanft gar köcheln lassen. Wichtig: Der Reis muss während des Kochens immer mit etwas Flüssigkeit bedeckt sein. Deshalb gibt man nach Bedarf immer noch etwas Wasser zu. Ist das Risotto gar, sollte es eine leicht sämige Konsistenz haben, worin die einzelnen Reiskörner sozusagen gerade am »Zerschmelzen« sind.
- Den Topf von der Platte nehmen, noch einen Schuss mildes Olivenöl und den geschälten, sehr fein gehackten Knoblauch dazugeben (vorsichtig unterheben). Jetzt schmeckt das Risotto am besten und sollte sofort gegessen werden. Höchstens vorher noch mit frisch gehackter Petersilie bestreuen.

Artischocken alla romana

Artischocken in dieser Zubereitung sind eine römische
Spezialität und werden oft als Vorspeise verzehrt.

für 2 Personen

½ Bund frische glattblättrige Petersilie
2 Knoblauchzehen
etwa ½ TL Meersalz
frisch gemahlener Pfeffer
etwa 100 ml mildes natives Olivenöl extra (Menge nach Geschmack)
4 kleine Artischocken
1 Zitrone

- Die Petersilie grob zerschneiden, den Knoblauch schälen, fein hacken und beide Zutaten in einer Schüssel mit etwa 3 Prisen Salz, frisch gemahlenem Pfeffer und reichlich Olivenöl verrühren (dafür etwa die Hälfte der angegebenen Menge Öl verwenden).
- Die Stiele der Artischocken abschneiden und die Schnittstellen mit der halbierten Zitrone abreiben – der Saft verhindert, dass sich die Artischocken ins Bräunliche verfärben.
- Dann die äußeren, harten Blätter der Artischocken entfernen. Möchte man es ganz komfortabel haben, entfernt man alle äußeren Blätter bis zu denjenigen, bei denen sich der Fingernagel leicht eindrücken lässt (Nagelprobe). Liebt man Artischocken (wie wir), entfernt man nur die äußere Blattschicht und streicht die Blätter dann beim Essen mit dem Messer aus.
- Beim nächsten Schritt jeweils das obere Drittel des Artischockenkopfes abschneiden und die Blätter vorsichtig etwas nach außen aufbiegen. Im Innern der Artischocken befinden sich zum Teil besonders stachlige oder harte Blättchen und das sogenannte Heu (feine Härchen) am Artischockenboden – beides bitte entfernen. Tipp: Frische kleine Artischocken haben in der Regel zartes Heu, das nicht entfernt werden muss. Als Grundregel gilt: Lässt es sich mit einem Teelöffel abschaben, sollte man dies dann eben tun.
- Jetzt das Grün der Artischockenböden (wo der Stiel war) abschälen und die Artischocken in eine Schüssel mit Zitronenwasser geben (Saft der ausgepressten Zitrone). So bleibt die hellgrüne Farbe erhalten. Ebenso die Stiele schälen – Nagelprobe nicht vergessen – und in das Zitronenwasser geben.

- Wählen Sie zum Kochen am besten einen Kochtopf, in welchem die Arti-schocken stehend gerade Platz finden. Diese nun aus dem Zitronenwasser nehmen, leicht ausdrücken, mit der Petersilien-Knoblauch-Masse füllen und mit der Spitze nach unten in den Topf, also sozusagen auf den »Kopf«, stellen. Dann so viel Wasser zugießen, dass die Artischocken knapp zur Hälfte oder zu einem Drittel darin stehen. Zum Schluss das restliche Öl zugeben (Faustregel: ¾ Wasser, ¼ Öl – aber der persönliche Geschmack entscheidet). Mit etwa 2 Prisen Salz und Pfeffer würzen. Jetzt müssen die Artischocken etwa 45 Minuten bei geschlossenem Deckel sanft köcheln.
- Wichtig ist, dass man sie auf einem vorgewärmten Teller serviert und den wunderbar schmeckenden Sud beim Anrichten nicht vergisst. Am besten schmeckt dazu ein helles Brot, mit dem man die feine Artischockenbrühe auftupfen kann!

 Tipps: In Rom schwört man darauf, dass Artischocken helfen, guten von schlechtem Wein zu unterscheiden: Nach dem Artischockenessen schmeckt angeblich nur noch der gute! Und auch für alle Nicht-Italiener: Artischocken sind sehr gesund für Leber und Galle.

Spätzle mit herbstlicher Pilzsauce

Ein Sonntagsmittagessen

für 2 bis 3 Personen

Pilzsauce
1 Zwiebel
1 Knoblauchzehe
etwa 100 g reine Pflanzenmargarine
1 Karotte
1 rote Paprikaschote
½ TL frischer oder getrockneter Rosmarin
frisch gemahlener schwarzer Pfeffer
etwa ½ TL Meersalz
frisch geriebener Muskat
1 Prise Currypulver
½ TL edelsüßes Paprikapulver
1 TL Tomatenmark
eventuell 100 ml Rotwein
200 – 250 ml Wasser (ohne Rotwein: etwa 100 ml Wasser mehr)
4 Wacholderbeeren
1 Gewürznelke
1 Lorbeerblatt
2 EL fein gemahlenes Vollkornmehl
etwas Wasser zum Abbinden
300 g Steinchampignons

300 g Hartweizengrieß
1 gestrichener TL Meersalz
1 – 2 Messerspitzen Currypulver oder Kurkuma
Wasser nach Bedarf

- Für die Sauce Zwiebel und Knoblauchzehe schälen, klein würfeln und in ausreichend Margarine goldgelb anschwitzen. Hierzu dann die geputzte und in dünne Scheiben geschnittene Karotte geben.
- Nach etwa 5 Minuten die entkernte und klein gewürfelte Paprikaschote hinzufügen, ebenso den Rosmarin, den grob gemahlenen schwarzen Pfeffer und das Meersalz. Die Zwiebeln dürfen ruhig leicht braun werden, denn die Röstaromen geben der Sauce einen intensiven Geschmack.

- Nach weiteren 5 Minuten mit Muskat, Curry und Paprikapulver würzen und das Tomatenmark hinzufügen. Um das feinste Aroma aus dem edelsüßen Paprikapulver herauszuholen, verraten wir Ihnen noch einen wichtigen Tipp: Lassen Sie das Paprikagewürz einen Moment in der Pfanne mitrösten. Es darf nicht dunkel werden. Wenn sich der Paprikaduft intensiviert, sofort mit der Hälfte des Rotweins oder etwas Wasser ablöschen und die Flüssigkeit, nachdem sich der Fond vom Boden lösen konnte, etwas reduzieren lassen (also etwas Flüssigkeit verkochen). So bekommen Gemüse und Sauce die feinen Röst- und Weinaromen.
- Bevor die Flüssigkeit ganz verdampft, das Wasser dazugeben. Jetzt ist es auch Zeit für die klein gemörserten Wacholderbeeren und die Nelke – das Lorbeerblatt nicht vergessen. Alles bei mittlerer Hitze etwa 10 Minuten köcheln lassen.
- Die Sauce mit etwas Mehl (im Schüttelbecher mit etwas Wasser vermischt) abbinden und weitere 10 Minuten köcheln. Dann die mit dem Pinsel gesäuberten und in dünne Scheiben geschnittenen Champignons dazugeben. Maximal sollte die Sauce nun noch weitere 5 Minuten köcheln. So behalten die Pilze ihren Geschmack und werden nicht zu weich. Wenn Sie Rotwein verwenden, die restliche Menge erst jetzt zugeben. Mit der restlichen Margarine verfeinern.
- Für die Spätzle aus Hartweizengrieß, Meersalz, Currypulver oder Kurkuma und ausreichend Wasser mit dem Schneebesen einen Teig anrühren. Dieser sollte eine Konsistenz solcher Art haben, dass er – hebt man den Schneebesen hoch – teils an diesem haften bleibt, teils heruntertropft. Lassen Sie den Teig dann 30 Minuten ruhen.
- In einem großen Topf reichlich Wasser mit Salz zum Kochen bringen. Hat man eine Spätzlepresse, diese zuerst in das sprudelnde Wasser tauchen. Dann den Teig mit einem Löffel oder Teigschaber in die Presse füllen – nicht ganz voll machen – und die Spätzle ins leicht sprudelnde Kochwasser drücken. Ist der Topf groß genug und man selbst ausreichend schnell, kann man die Spätzle alle auf einmal im Topf garen. Es geht aber auch gemütlicher: Sobald die Spätzle im Topf an die Wasseroberfläche kommen, sind sie gar, dann mit einem Sieb abschöpfen. Danach kann die zweite Hälfte der Spätzle im Topf garen.
- Wichtig: Die Spätzlepresse nach jeder Teigfüllung kurz ins Kochwasser tauchen. Das bewirkt, dass sich der Teig besser bearbeiten lässt. Die Spätzle mit der Pilzsauce servieren.
- Für die Zubereitung der Spätzle ohne Spätzlepresse lesen Sie bitte die Hinweise auf der folgenden Seite.

Zubereitung von Spätzle ohne Spätzlepresse
Natürlich lassen sich Spätzle auch nach althergebrachter Methode mit dem Messer von einem Holzbrett schaben. Wichtig: Das Messer wie das Brett müssen immer wieder mit Wasser befeuchtet werden (einfach in den Kochtopf tauchen), bevor man mit dem Teig arbeitet. Dann gibt man etwas Teig auf das Brett und verstreicht ihn mit dem Messer möglichst dünn darauf. Das Spätzlebrett hat deshalb auf der einen Seite einen Griff, um es besser halten zu können, während die andere Hand mit dem Messer die Spätzle so dünn wie möglich vom Brett ins leicht sprudelnde Wasser schabt.

 Tipps: Besonders fein schmecken die Spätzle mit »Abgeschmelztem«: Dafür einfach 50 – 100 g reine Pflanzenmargarine und 6 – 8 EL Vollkornsemmelbrösel in einem Pfännchen etwas bräunen lassen. Mit Meersalz und frisch gemahlenem Pfeffer abschmecken. Beim Anrichten über die Spätzle geben.

Oder: Festtagscharakter bekommt das Gericht, wenn Sie die Sauce nicht mit Mehl binden, sondern diese lediglich mit 100 ml Wasser ablöschen, reduzieren und anschließend mit einem extra Stück kalter Margarine abbinden, »montieren« wie Köche sagen.

Gnocchi

Die italienische Schupfnudelvariante

für 3 bis 4 Personen

- Einen Teig wie für die badischen Schupfnudeln, nur ohne Petersilie, bereiten (siehe Seite 117). Diesen dann auf der bemehlten Arbeitsplatte zu etwa 2 cm dicke Rollen formen, diese in etwa 2 cm lange Stücke schneiden und rundherum bemehlen. Eventuell mit der Gabel noch ein Muster eindrücken. Wie die Schupfnudeln kochen.
- Gnocchi schmecken am besten mit in Olivenöl angebratenen Salbeiblättern und dünnen Knoblauchscheiben oder in Tomatensauce mit frischem Basilikum. Man gibt die Gnocchi hierzu einfach in die Pfanne (ob mit Salbei oder Tomatensugo) dazu, schmeckt ab und genießt! In Rom jeden Mittwoch ganz frisch – eine Tradition in der ganzen Stadt!

Badische Schupfnudeln

Beliebte badische Spezialität für die ganze Familie

für 4 Personen

1 kg vorwiegend festkochende Kartoffeln
100 g frisch gemahlenes Dinkelvollkornmehl (fein gemahlen)
1 Bund frische Petersilie
Meersalz
½ TL frisch geriebener Muskat
Mehl zum Formen
100 ml kalt gepresstes Sonnenblumenöl

- Die Kartoffeln ungeschält gar kochen, anschließend pellen und durch die Kartoffelpresse drücken oder mit dem Kartoffelstampfer zerdrücken. Abkühlen lassen, dann mit dem Mehl, der klein geschnittenen Petersilie, 1 – 2 TL Salz (je nach Geschmack) und Muskat vermischen.
- Den Teig auf reichlich Mehl zu etwa 2 cm dicken Rollen formen, diese in etwa 2 cm breite Scheiben schneiden und die Scheiben dann zu fingerdicken Röllchen formen, wobei die Enden jeweils etwas dünner sein sollten als die Mitte. Am besten geht das zwischen den bemehlten Handflächen, indem man die Teigstücke, um einen badischen Fachausdruck zu verwenden, hin und her »wargelt«, weshalb man sie mancherorts auch »Wargelen« nennt.
- Anschließend portionsweise in reichlich kochendes Salzwasser geben. Die Schupfnudeln bei mittlerer Hitze garen, bis sie an die Oberfläche steigen. Mit einem Schaumlöffel herausnehmen, mit kaltem Wasser vorsichtig abspülen, abtropfen und etwa 2 Stunden abkühlen lassen.
- Die Nudeln anschließend im heißen Öl rundum goldbraun anbraten. Dazu frische Salate, Sauerkraut oder beispielsweise eine leckere Blumenkohlsuppe servieren!

Brot und Brötchen

Schnelles Vollkornbrot

Gesund, einfach, lecker!

für ein Brot

500 g frisch gemahlenes Vollkornmehl
  (zum Beispiel je zur Hälfte Dinkel und Roggen)
300 ml Wasser
1 TL Meersalz
1 Würfel frische Hefe
Saaten nach Wahl
  (zum Beispiel Sesamsamen, Sonnenblumenkerne, Kürbiskerne)
Fett für das Backblech (wir empfehlen dafür reine Pflanzenmargarine)

- Aus dem Mehl, Wasser, Salz und der Hefe einen Hefeteig herstellen (siehe Grundrezept für Hefeteig, Seite 186) und mindestens 60 Minuten gehen lassen.
- Die Saaten dazugeben, den Teig durchkneten, zu einem Laib formen, auf ein gefettetes Backblech legen und noch einmal etwa 30 Minuten gehen lassen.
- Dann im vorgeheizten Backofen bei 200 °C (Ober- und Unterhitze) 50 – 60 Minuten backen.
- Das fertig gebackene Brot (Zahnstocherprobe machen, siehe Seite 123) kurz nach dem Backen mehrmals mit Wasser besprühen oder bepinseln (siehe auch Seite 123). So trocknet die Kruste nicht aus und bleibt knusprig.

Familienbrot

Vollkornbrot für die ganze Familie

Erfahrene Bäcker sagen, dass ein Brot nie groß genug sein kann, denn erst ab einer gewissen Größe entfaltet sich sein Aroma voll. Beim Brötchen dagegen ist der Anteil der Kruste am Gesamtgeschmack sehr wichtig.

Tipp: Alle Kräuter, Gewürze und Saaten gibt man besser *in* das Brot, also in den Teig. Bei Brötchen kommen sie auch sehr gut *auf* der Kruste zur Geltung.

Beim Vollkornbrot für die ganze Familie denken wir daran, dass es auch Mitglieder geben könnte, die Vollkorn pur nicht mögen. Deshalb wird bei diesem Rezept etwas Weißmehl dazugemischt. Natürlich können Sie das Brot auch ganz mit Vollkorn backen. Die Gehzeit verlängert sich dann auf mindestens 4 Stunden.

für ein Brot

Teig
600 g frisch gemahlener Roggen
200 g frisch gemahlener Dinkel (fein gemahlen)
400 g Dinkelmehl Type 1050
2 Würfel frische Hefe
2 – 3 TL Meersalz
10 EL Sonnenblumenkerne, 10 EL Kürbiskerne
  (Wenn Sie mögen, nehmen Sie noch etwas Mohn oder Sesamsamen,
  Kräuter, Kümmel oder ½ TL gemahlenen Koriander dazu.
  Vertrauen Sie auf Ihren Geschmack und Ihre Fantasie.)
10 EL kalt gepresstes Sonnenblumenöl
etwa 700 ml lauwarmes Wasser

Fett für das Backblech (wir empfehlen dafür reine Pflanzenmargarine)

- Aus den Zutaten für den Teig einen etwas feuchteren Hefeteig als gewöhnlich zubereiten (siehe Seite 186) und etwa 2 Stunden in der Schüssel gehen lassen. Dann den Teig aus der Schüssel auf das gefettete Backblech stürzen.
- In den auf 250 °C (Ober- und Unterhitze) vorgeheizten Backofen schieben, 15 – 20 Minuten bei dieser Hitze, dann 30 – 45 Minuten bei 200 °C zu Ende zu backen. Eine feuerfeste, mit Wasser gefüllte Schüssel beim Backen in den Ofen dazustellen. Das fertig gebackene Brot (Zahnstocherprobe machen, siehe Seite 123) mehrmals mit Wasser besprühen (siehe auch Seite 123).

Olivenbrot

Mediterranes für große und kleine Gäste

für ein Brot

Teig
750 g frisch gemahlenes Dinkelvollkornmehl (fein gemahlen)
oder Weizenmehl Type 1050
1 – 2 EL frischer oder getrockneter Oregano
40 – 50 ml natives Olivenöl extra
1 – 2 TL Meersalz
½ TL frisch gemahlener Pfeffer
1 ½ Würfel frische Hefe
etwa 350 ml lauwarmes Wasser
200 g entsteinte schwarze Oliven

Fett für das Backblech (wir empfehlen dafür reine Pflanzenmargarine)
1 – 2 EL frischer oder getrockneter Oregano zum Bestreuen
natives Olivenöl extra zum Bestreichen

- Aus den Zutaten für den Teig (zunächst ohne Oliven) einen festen Hefeteig mischen und kräftig durchkneten. Dann die Oliven dazugeben und diese gleichmäßig im Teig verteilen. Diesen anschließend noch etwa 5 weitere Minuten durchkneten.
- Danach den Teig etwa 60 Minuten an einem warmen Ort gehen lassen. Ihn dann auf ein gefettetes Backblech geben und mit den Händen zu einem Fladen flachdrücken. Dieser kann 2 – 3 cm dick sein und es macht nichts, wenn die Oliven sichtbar sind.
- Nachdem der Fladen nochmals 60 Minuten gehen konnte, mit Wasser besprühen, mit dem Oregano bestreuen und gut mit Olivenöl beträufeln.
- Dann im vorgeheizten Backofen bei 250 °C (Ober- und Unterhitze) 15 Minuten backen, anschließend die Temperatur auf 200 °C herunterschalten und den Fladen weitere 15 – 20 Minuten zu Ende backen. Den fertigen Fladen (Zahnstocherprobe machen, siehe Seite 123) aus dem Ofen nehmen und zum Schluss mit etwas Wasser besprühen (siehe auch Seite 123).

Vollkornfocaccia

Knusprig gebackenes Brot für alle Gelegenheiten

für ein Brot

600 g Dinkel
600 g Roggen
2 Würfel frische Hefe
750 ml lauwarmes Wasser
2 – 3 gehäufte TL Meersalz
etwas frisch gemahlener schwarzer Pfeffer
etwa 10 EL kalt gepresstes Sonnenblumenöl oder natives Olivenöl extra
5 EL Kürbiskerne
5 EL Sonnenblumenkerne
Fett für das Backblech (wir empfehlen dafür reine Pflanzenmargarine)
eventuell Mohn, Sesamsamen, Kürbiskerne oder Sonnenblumenkerne
  zum Bestreuen

- Das Getreide am besten zur Hälfte fein mahlen, die andere Hälfte etwas gröber schroten. Während die Körner gemahlen werden, die Hefewürfel in eine kleine Schüssel bröseln und etwa 150 ml lauwarmes Wasser zugeben. Gut verrühren. Die Hefe stehen lassen, bis sie flüssig und leicht schaumig wird.
- Das gemahlene Getreide mit den Gewürzen und dem Öl vermischen und in eine vorgewärmte Schüssel geben. Eine Vertiefung in das Mehl drücken, die Hefebrühe hineingeben und mit etwas Mehl verrühren, bis sich in der Schüsselmitte ein kleiner, feuchter Teig gebildet hat – der sogenannte Vorteig. Diesen, nachdem die Schüssel mit einem feuchten Tuch abgedeckt wurde, 15 – 20 Minuten gehen lassen.
- Unter Zugabe des restlichen lauwarmen Wassers den ganzen Schüsselinhalt zu einer feuchten Masse verrühren. Der Teig muss viel feuchter sein als ein normaler Hefeteig, da der Schrot sonst nicht aufquellen kann. Zum Schluss die Kürbiskerne und Sonnenblumenkerne daruntermengen. Dann die Schüssel an einen warmen, vor Zugluft geschützten Ort stellen (bei 23 °C kann der Teig optimal gehen). Hierzu haben wir noch eine besondere Variante: Die Schüssel morgens in der Bettdecke einpacken und sich selbst dazulegen – so erfahren Sie in optimaler Weise, wie entspannend Brotbacken sein kann.

- Nachdem Sie dann mit dem Teig zusammen mindestens etwa 2 Stunden (besser sind 4 – 5 Stunden) geruht haben, diesen wie einen Pudding aus der Schüssel direkt auf ein gefettetes Backblech stürzen. Das Blech mit dem Brotteig in den auf 250 °C (Ober- und Unterhitze) vorgeheizten Backofen schieben. Zuvor noch mit Wasser besprühen oder bepinseln. Das Brot kann natürlich auch noch mit Mohn, Sesamsamen, Kürbis- oder Sonnenblumenkernen bestreut werden – ganz nach Ihrem Geschmack.
- Das Brot bei dieser starken Hitze etwa 20 Minuten backen, dann die Temperatur auf 200 °C herunterschalten, um es noch etwa 80 Minuten (je nach Höhe) fertig zu backen. Achten Sie darauf, dass die Kruste nicht zu dunkel wird und machen Sie die **Zahnstocherprobe:** Stechen Sie, wenn Sie glauben das Brot sei fertig, hinein. Wenn sich der Holzspieß ohne klebrigen Teig wieder gut herausziehen lässt, ist das Brot fertig. Dieser Test funktioniert bei allen anderen Backwaren ebenso.

 Wichtig: Stellen Sie während des Backens eine hitzebeständige Schüssel mit Wasser in den Backofen unter das Blech. So kann das Brot eine knusprige Kruste bilden und trocknet nicht aus. Nachdem Sie das Brot aus dem Backofen genommen haben, besprühen oder bepinseln Sie es mindestens zwei- bis dreimal mit Wasser – dadurch wird es noch knispriger.
Haben Sie doch eine zu harte Kruste, besprühen Sie das Brot bis zum Erkalten immer wieder mit Wasser, und die harte Kruste verwandelt sich in eine knusprige.

Brotzopf provençale

Salziger Hefezopf mit Kräutern der Provence –
gut geeignet für Gäste, Feiern und besondere Gelegenheiten.

für einen großen Zopf oder 3 kleinere Zöpfe auf einem Backblech

Teig
700 g frisch gemahlener Dinkel (fein gemahlen)
300 g Dinkelmehl Type 1050
8 EL natives Olivenöl extra
2 Würfel frische Hefe
2 TL Meersalz
etwas frisch gemahlener Pfeffer
400 – 500 ml Wasser

Mehl für die Arbeitsfläche
Fett für das Backblech (wir empfehlen dafür reine Pflanzenmargarine)
1 TL Rosmarin (ganze Nadeln)
1 TL getrockneter Thymian
1 EL Lavendelblüten
etwas natives Olivenöl extra zum Beträufeln

- Aus den Zutaten für den Teig einen Hefeteig wie im Rezept für Vollkorn-focaccia beschrieben zubereiten (siehe Seite 122) und etwa 60 Minuten an einem warmen Ort gehen lassen.
- Wenn der Teig sein Volumen ungefähr verdoppelt hat, in drei gleich große Mengen teilen. Diese auf einer bemehlten Arbeitsplatte zu langen »Schlangen« rollen. Dann wird daraus locker ein Zopf geflochten – können Sie es noch nicht mit drei Strängen (wir denken hier vor allem an männliche Bäcker), nehmen Sie einfach nur zwei und schlagen diese abwechselnd über- beziehungsweise untereinander.
- Nun lässt man den Zopf ganz (oder teilt ihn in drei gleich große Zöpfe), setzt ihn auf ein gefettetes Backblech und besprüht ihn mit Wasser. Die Kräuter und Lavendelblüten in einem Gefäß gut miteinander vermischen und den Zopf damit bestreuen. Erneut mit Wasser besprühen und dann mit etwas Olivenöl beträufeln. Nun den Zopf mit einem feuchten Geschirrtuch zugedeckt an einem warmen Platz noch etwa 60 Minuten gehen lassen.

- Dann das Blech mit dem Zopf in den auf 250 °C (Ober- und Unterhitze) vorgeheizten Backofen schieben (mittlere Einschubhöhe). Nach 10 Minuten die Temperatur auf 200 °C herunterschalten und den Zopf etwa 20 Minuten fertig backen (Zahnstocherprobe machen, siehe Seite 123).
- Ist der Zopf schön knusprig gebacken, holt man ihn zum Abkühlen aus dem Ofen und besprüht ihn zwei- bis dreimal mit Wasser, damit die Kruste noch knuspriger wird (siehe auch Seite 123). Bon appétit!

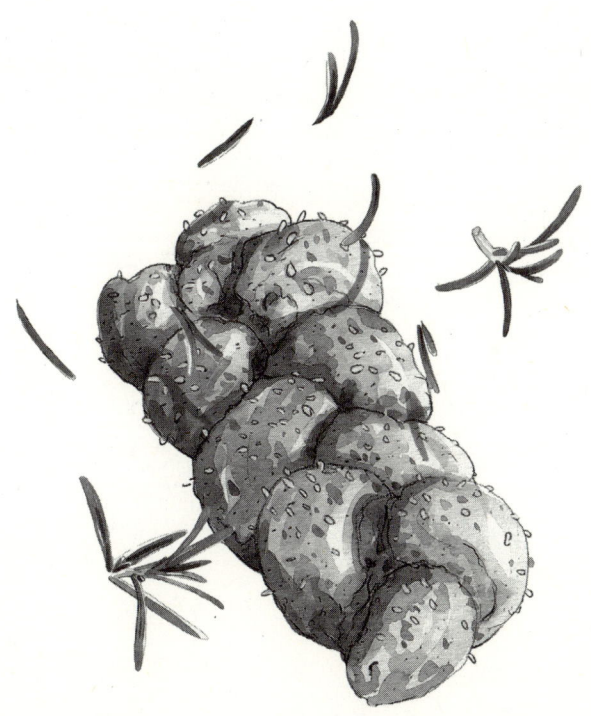

Rosenbrot

Schön geformtes Brot für besondere Gelegenheiten

für ein Brot

Teig
etwa 750 g frisch gemahlener Dinkel (fein gemahlen)
oder Dinkelmehl Type 630
2 Würfel frische Hefe
1 ½ TL Meersalz
½ TL Kurkuma
etwa 350 ml Wasser

Mehl für die Arbeitsfläche
etwa 70 ml kalt gepresstes Sonnenblumenöl
Fett für die Springform (wir empfehlen dafür reine Pflanzenmargarine)
(Durchmesser der Springform: etwa 30 cm)

- Aus den Zutaten für den Teig einen Hefeteig zubereiten (siehe Grundrezept für Hefeteig, Seite 186) und an einem warmen Ort etwa 60 Minuten gehen lassen. Danach auf einer bemehlten Fläche 2 – 3 mm dünn auswellen und mit dem Öl bestreichen.
- Dann wird der Teig wie ein Teppich zu einer langen Rolle zusammengerollt – das Fett verhindert, dass die Teigschichten in der Rolle zusammenkleben. Die Rolle dann in 5 – 10 cm lange, gleichmäßige Stücke schneiden und diese mit den Schnittflächen nach oben (beziehungsweise unten) dicht aneinander in eine gefettete Springform setzen.
- Den Teig in der Form zugedeckt noch einmal 60 Minuten gehen lassen und dann im auf 200 °C (Ober- und Unterhitze) vorgeheizten Backofen 45 – 60 Minuten backen (Zahnstocherprobe machen, siehe Seite 123).
- Es empfiehlt sich, das Brot nach dem Backen zwei- bis dreimal mit Wasser zu besprühen (siehe auch Seite 123).

Provencebaguette

Brotspezialität mit mediterranen Kräutern

für 2 bis 3 Stangen Baguette

Teig
etwa 200 g frisch gemahlener Dinkel (fein gemahlen)
etwa 500 g Dinkelmehl Type 630
1 ½ Würfel frische Hefe
3 EL getrocknete Kräuter der Provence
*   (Thymian, Rosmarin, Oregano, Majoran, Bohnenkraut)*
etwa 1 TL Lavendelblüten
1 ½ TL Meersalz
½ TL frisch gemahlener Pfeffer
4 – 6 EL natives Olivenöl extra
etwa 300 ml Wasser

Fett für das Backblech (wir empfehlen dafür reine Pflanzenmargarine)

- Aus den Zutaten für den Teig einen Hefeteig herstellen (siehe Grundrezept für Hefeteig, Seite 186), wobei die Kräuter der Provence und die Lavendelblüten auf jeden Fall zwischen den Fingern oder Händen etwas angerieben werden müssen, bevor man sie dazugibt, denn nur so entfalten sich die Aromen richtig.
- Den Teig gut 60 Minuten gehen lassen, dann zu zwei bis drei Baguettestangen (je nach Backblechgröße) formen, diese auf ein gefettetes Backblech legen und nochmals 60 Minuten zugedeckt gehen lassen.
- Die Brote anschließend im vorgeheizten Backofen zunächst bei 250 °C (Ober- und Unterhitze) etwa 15 Minuten backen, dann die Temperatur auf 200 °C herunterschalten und 15 weitere Minuten fertig backen.
- Wichtig: Beim Abkühlen immer wieder mal mit Wasser besprühen oder bepinseln (siehe auch Seite 123).

Dinkelbrot

Das gesunde Brot für jeden Tag

für ein Brot

Teig
350 g frisch gemahlener Dinkel
350 g Dinkelmehl Type 1050
2 Würfel frische Hefe
2 TL Meersalz
2 Prisen frisch gemahlener Pfeffer
1 Schuss natives Olivenöl extra
1 EL frisch gemörserter Koriander
2 EL Kürbiskerne
2 EL Sonnenblumenkerne
300 – 350 ml Wasser

Fett für das Backblech (wie empfehlen dafür reine Pflanzenmargarine)
Mohn oder Kürbiskerne zum Bestreuen

- Aus den Zutaten für den Teig einen Hefeteig herstellen (siehe Grundrezept für Hefeteig, Seite 186), mindestens 60 Minuten an einem warmen Ort gehen lassen, zu einem Laib formen, diesen auf ein gefettetes Backblech setzen, mit Mohn oder Kürbiskernen bestreuen und mit einem Tuch zugedeckt nochmals etwa 60 Minuten gehen lassen.
- Dann im vorgeheizten Backofen bei 250 °C (Ober- und Unterhitze) etwa 15 Minuten backen. Anschließend die Hitze auf 200 °C reduzieren und 30 – 40 Minuten weiterbacken. Zahnstocherprobe machen, um zu prüfen, ob das Brot fertig gebacken ist (siehe Seite 123).
- Wichtig: Nach dem Backen das Brot mehrmals leicht mit Wasser besprühen oder bepinseln – die Kruste wird dadurch knuspriger (siehe auch Seite 123).

Schnelle Dinkelbrötchen

Schnell, lecker, kreativ und für die ganze Familie:
Hier kann jeder sein eigenes Brötchen formen und gestalten.
Das Rezept eignet sich sehr gut, um mit Kindern zu backen.

für etwa 20 Brötchen

750 g frisch gemahlener Dinkel
400 ml Wasser
1 Würfel frische Hefe
1 – 2 TL Meersalz
Fett für das Backblech (wir empfehlen dafür reine Pflanzenmargarine)
Sesamsamen, Mohn oder Kürbiskerne zum Bestreuen nach Belieben

- Den frisch gemahlenen Dinkel in eine Schüssel geben, die Hefe in einer Tasse mit 100 ml lauwarmem Wasser verrühren und einen kleinen Vorteig in der Mitte der Schüssel anrühren (siehe Grundrezept für Hefeteig, Seite 186). Etwa 10 Minuten zugedeckt im warmen Raum gehen lassen.
- Das Salz und das restliche lauwarme Wasser dazugeben. Den Teig so lange kneten, bis er gut zusammenhält. Mit angefeuchteten Händen etwa 20 Brötchen aus dem Teig formen, diese auf gefettete Backbleche legen, mit etwas kaltem Wasser besprühen und nach Belieben mit Sesam, Mohn und Kürbiskernen bestreuen.
- Die Brötchen im vorgeheizten Backofen bei 250 °C (Ober- und Unterhitze) 10 Minuten backen, dann die Temperatur auf 200 °C herunterschalten und die Brötchen weitere 15 Minuten fertig backen.
- Nach dem Backen mit kaltem Wasser besprühen (siehe auch Seite 123).

Suppen

Scharfe Gemüsesuppe

Pikante Suppe, die alle Lebensgeister weckt.
Schmeckt besonders gut an kalten Wintertagen.

für 3 bis 4 Personen

1 Zwiebel
kalt gepresstes Sonnenblumenöl
500 g Karotten
300 g Lauch
1 Blumenkohl
1 TL Meersalz
frisch geriebener Muskat
1 – 2 TL frisch gemahlener schwarzer Pfeffer (grob gemahlen)
1 TL getrocknete Kräuter der Provence
   (Thymian, Rosmarin, Oregano, Majoran, Bohnenkraut)
1 Messerspitze Currypulver
1 l Wasser
1 Knoblauchzehe
2 EL frische Kräuter der Saison

- Die Zwiebel schälen, in kleine Würfel schneiden und in etwas Öl anschwitzen.
- Das Gemüse ganz nach Ihrer Vorliebe zerkleinern und in Streifen, Würfeln, Röschen ... ganz wie Sie möchten dazugeben. Etwa 5 Minuten im Topf mitdünsten, würzen, mit dem Wasser ablöschen und etwa 15 Minuten kochen lassen.
- Den Knoblauch schälen, klein hacken, dazugeben, abschmecken, mit frisch gehackten Kräutern der Saison bestreuen, fertig.

Edle Kürbissuppe

Eine edle Suppe – besonders für gemütliche Abende

für 2 Personen

1 Zwiebel
etwa 120 g reine Pflanzenmargarine
etwa 500 g Hokkaidokürbis (entkernt)
1 mittelgroße Kartoffel
1 TL Meersalz
frisch gemahlener Pfeffer
2 – 3 Prisen Currypulver
edelsüßes Paprikapulver
2 – 3 Messerspitzen frisch geriebener Muskat
1 EL Tomatenmark
etwa 1 l Wasser
eventuell 100 ml Rotwein
1 Knoblauchzehe

- Die Zwiebel schälen, klein schneiden und in etwas Margarine in einem Topf anschwitzen. Das Kürbisfruchtfleisch sowie die geschälte Kartoffel in schmale Stücke schneiden (die Garzeit verkürzt sich dadurch). Ebenfalls mit anschwitzen.
- Die Gewürze und das Tomatenmark zugeben. Eine Minute mitdünsten, dann mit dem Wasser und eventuell dem Rotwein ablöschen. Gut durchrühren, sodass sich der Fond löst, und das Gemüse bei milder Hitze 10 – 15 Minuten weich kochen.
- Danach die Knoblauchzehe schälen, klein würfeln, zugeben und die Suppe mit dem Mixstab fein pürieren. Zum Schluss noch mit der restlichen Margarine verfeinern und abschmecken. Mit Brot oder Brötchen eignet sich diese Suppe gut als Hauptmahlzeit.

Minestrone

Die klassische Gemüsesuppe der italienischen Küche

für 2 Personen

50 g Vollkorn-Farfalle
1 Zwiebel
natives Olivenöl extra
1 Kartoffel
100 – 200 g Knollensellerie
2 Karotten
etwa 1 TL Meersalz
frisch gemahlener Pfeffer
frisch geriebener Muskat
1 – 2 Prisen Currypulver
½ EL frischer oder getrockneter Thymian
etwa 1 l Wasser
1 rote Paprikaschote
1 Zucchino
frischer Ingwer zum Bestreuen

- Die Nudeln nach Packungsanleitung bissfest kochen.
- Die Zwiebel schälen, klein schneiden und in Olivenöl anschwitzen. Die Kartoffel und den Sellerie schälen und beides ebenso wie die Karotten in kleine Würfel schneiden. Das Gemüse zusammen mit den Gewürzen und Kräutern zur Zwiebel geben und kurz mit andünsten. Mit dem Wasser ablöschen und etwa 10 Minuten kochen lassen.
- Die Paprika entkernen und in kleine Würfel, den Zucchino in dünne Scheiben schneiden, beide Zutaten in die Suppe geben und weitere 10 Minuten köcheln lassen. Das Gemüse sollte noch etwas bissfest sein.
- Dann die Nudeln zugeben und 1 Minute in der Suppe ziehen lassen.
- Bevor Sie die Suppe servieren, diese mit geschältem, klein geschnittenem Ingwer bestreuen.

Klare Kohlrabisuppe

Schnell, einfach und gesund: Diese Suppe eignet
sich gut als Vorspeise oder leichtes Hauptgericht.

für 3 bis 4 Personen

1 Zwiebel
natives Olivenöl extra
1 kg Kohlrabi
1 – 2 TL Meersalz
frisch gemahlener Pfeffer
frisch geriebener Muskat
1 Messerspitze Currypulver
1 – 1 ½ l Wasser
frischer Schnittlauch zum Bestreuen
frische Petersilie zum Bestreuen

- In einem ausreichend großen Topf die geschälte und klein gewürfelte
  Zwiebel in Öl glasig dünsten. Währenddessen den Kohlrabi schälen und alle
  holzigen (harten) Teile wegschneiden. Dann den Kohlrabi in feine Würfel
  schneiden und etwa 5 Minuten in dem Topf mitdünsten lassen.
- Mit Salz, Pfeffer aus der Mühle, frisch geriebenem Muskat und Currypulver
  würzen, vermischen und mit dem Wasser ablöschen. Die Würfelchen
  müssen nun je nach Größe 5 – 15 Minuten köcheln, bis sie gar sind, aber
  noch Biss haben. Zum Schluss noch einmal abschmecken und einen guten
  Schuss feines Olivenöl dazugeben.
- Zum Servieren mit den frischen, klein geschnittenen Kräutern bestreuen.

Variante: Weiße Kohlrabisuppe

Wer möchte, kann diese Suppe auch mit einer Mehlschwitze zubereiten, die
selbstverständlich mit dem Gemüsesud hergestellt wird. Also zuerst die Kohl-
rabiwürfelchen garen, dann in ein Sieb über einem Topf abgießen und die
aufgefangene Brühe anschließend für die Mehlschwitze verwenden (siehe
Grundrezept für Mehlschwitze, Seite 187).

Lauchsuppe

Herrlich aromatische Wintersuppe

für 2 Personen

1 mittelgroße Zwiebel
1 Knoblauchzehe
natives Olivenöl extra
500 g Lauch
1 Kartoffel
etwa ½ TL Meersalz
frisch gemahlener Pfeffer
etwa ½ TL Currypulver
frisch geriebener Muskat
edelsüßes Paprikapulver
etwa 500 ml Wasser
1 kleines Stück frischer Ingwer (etwa 0,5 cm groß)

- Die Zwiebel schälen, klein schneiden und mit etwas Olivenöl in einem Topf anschwitzen. Den geputzten und gut gewaschenen Lauch in breite Streifen und die geschälte Kartoffel in kleine Würfel schneiden. Beides zusammen mit den Gewürzen in den Topf geben.
- Dann mit dem Wasser ablöschen und bei milder Hitze etwa 15 Minuten gar köcheln. Den Topf von der Hitzequelle nehmen.
- Den Knoblauch und Ingwer schälen, sehr klein schneiden, zur Suppe geben und mit dem Pürierstab alles fein und luftig vermischen. Mit etwas Olivenöl verfeinern und abschmecken.

Blumenkohlsuppe

Wunderbar cremige Suppe, die allen schmeckt – auch Kindern
und denjenigen, die Blumenkohl sonst nicht so gerne mögen

für 2 Personen

1 mittelgroßer Blumenkohl
1 TL Meersalz
1 Zwiebel
1 – 2 EL ungehärtetes Kokosfett
frisch gemahlener Pfeffer
frisch geriebener Muskat
1 Messerspitze Currypulver
etwa 1 l Wasser
etwa 100 ml Kokosmilch

- Den Blumenkohl in Röschen zerteilen. Diese 30 – 60 Minuten in Salzwasser legen, um eventuell vorhandene Schnecken und andere – in diesem Fall zumindest – unerwünschte Kleinlebewesen herauszubekommen. Danach den Blumenkohl noch einmal waschen.
- Die Zwiebel schälen, klein schneiden und in einem Topf zusammen mit dem Blumenkohl in dem Kokosfett andünsten. Gewürze nach Belieben dazugeben – zum Beispiel 1 – 2 TL Meersalz (je nach Reinheitsgrad salzt es unterschiedlich stark) und die anderen angegebenen Gewürze. Aber auch Varianten mit Kurkuma, Safran oder Weißwein als Hauptaroma schmecken gut. Mit dem Wasser ablöschen. Die Suppe muss nun 15 – 20 Minuten kochen.
- Dann die Kokosmilch dazugeben und nochmals abschmecken. Zum Schluss die Suppe mit dem Mixstab fein pürieren.

Italienische Linsensuppe

Klassiker aus Italien: Diese Suppe stärkt für alle Aktivitäten.

für 2 Personen

2 mittelgroße Gemüsezwiebeln
mildes natives Olivenöl extra
1 Karotte
2 – 3 Stangen Staudensellerie
frisch gemahlener Pfeffer
1 TL Meersalz
etwas frisch geriebener Muskat
etwa ½ TL frischer oder getrockneter Rosmarin
    nach Geschmack und Jahreszeit
2 Knoblauchzehen
250 g Champagnerlinsen oder Berglinsen
edelsüßes Paprikapulver
Currypulver
etwa 1 l Wasser

- Die Zwiebeln schälen, klein würfeln und in Olivenöl anschwitzen. Die Karotte in kleine Würfel, den Sellerie in gröbere Stücke schneiden und beide Zutaten zur Zwiebel geben. Mit grob gemahlenem schwarzen Pfeffer, Salz und frisch geriebenem Muskat etwas weiter anschwitzen. Dann den Rosmarin zugeben.
- Den Knoblauch schälen, eine Zehe klein schneiden. Die Linsen und die klein geschnittene Zehe Knoblauch mit Paprikapulver und Currypulver in den Topf geben. Nun mit dem Wasser aufgießen und die Linsen etwa 30 Minuten (siehe auch Packungsanleitung) gar köcheln lassen. Je nachdem, ob man eher dickere oder dünnere Suppen mag, lässt sich noch etwas mehr Wasser dazugeben oder Flüssigkeit reduzieren.
- Sind die Linsen gar, verfeinert man sie mit etwas Olivenöl und dem sehr fein gehackten restlichen Knoblauch.

 Tipp: In Italien wird Linsensuppe traditionell häufig an Silvester oder Neujahr gegessen, damit das Geld nicht ausgeht. (Vielleicht nimmt man dann doch besser die großen Linsen ...)

Brokkolisuppe

Brokkoli einmal anders. Diese Suppe eignet sich besonders
gut, wenn gesundes Essen schnell gehen muss.

für 2 bis 3 Personen

1 Brokkoli
1 Zwiebel
etwa 50 ml natives Olivenöl extra
etwa 1 l Wasser
frisch gemahlener Pfeffer
etwa 1 TL Meersalz
frisch geriebener Muskat
1 Messerspitze Currypulver
1 kleine Kartoffel

- Den Brokkoli in Röschen zerteilen, den Stiel schälen und ebenfalls zerkleinern. Die Zwiebel schälen und klein schneiden. Brokkoli (Röschen und
  Stiel) sowie Zwiebel in etwas Öl andünsten. Nach wenigen Minuten mit
  dem Wasser ablöschen, würzen und die geschälte und klein gewürfelte
  Kartoffel dazugeben. Der Brokkoli muss nun 10 – 15 Minuten gar köcheln.
- Dann einige kleine Röschen herausnehmen, den Rest mit dem Pürierstab
  gut mischen und abschmecken. Die Suppe in Teller oder Schüsselchen
  schöpfen und die herausgenommenen Brokkoliröschen darauf verteilen.

Petersilienwurzelsuppe

Eine Suppe mit feinem Petersilienaroma – stärkt Knochen, Haare und Zähne

für 2 bis 3 Personen

1 Zwiebel
kalt gepresstes Sonnenblumenöl
2 mittelgroße Petersilienwurzeln
1 TL Meersalz
frisch gemahlener Pfeffer
frisch geriebener Muskat
1 Messerspitze Currypulver
etwa 1 l Wasser
2 Scheiben Brot
(je nach Geschmack – von Weißbrot bis Körnerbrot passt alles)
etwas frische Petersilie zum Bestreuen

- Die Zwiebel schälen, klein würfeln und in Öl andünsten. Die Petersilien-wurzeln mit dem Sparschäler schälen, in zentimeterdicke Scheiben schnei-den und mitdünsten lassen. Währenddessen ruhig schon die Gewürze dazugeben. Mit dem Wasser ablöschen und das Ganze etwa 10 Minuten weich kochen.
- Danach mit dem Mixstab oder im Mixer pürieren, abschmecken und mit einem guten Schuss Sonnenblumenöl verfeinern. Je nachdem, ob man eher dickere oder dünnere Suppen mag, lässt sich die Flüssigkeit noch etwas einkochen.
- Die Brotscheiben in kleine Würfel schneiden und mit reichlich Sonnen-blumenöl in einer Pfanne anrösten. Die Würfel zum Anrichten mit den Kräutern auf die Suppe geben.

Kürbissuppe mit Ingwer

Eine einfache und doch raffinierte Gemüsesuppe,
die zu allen Gelegenheiten passt

für etwa 4 Personen

2 mittelgroße Zwiebeln
natives Olivenöl extra
½ Hokkaidokürbis oder Muskatkürbis
1 Stück frischer Ingwer (etwa 2 cm groß)
1 – 2 Messerspitzen Cayennepfeffer
  oder frische Chilischote nach Geschmack
etwa 1 TL Meersalz
etwa 1 TL Currypulver (besonders gut passt Madras-Currypulver)
frisch gemahlener Pfeffer
3 – 4 frische, reife Tomaten oder 1 TL Tomatenmark
2 Knoblauchzehen
eventuell 1 Glas Weißwein (100 ml)
1 l Wasser (ohne Weißwein: etwa 100 ml Wasser mehr)
2 mittelgroße Kartoffeln
1 Glas Weißwein oder frisch gepresster Saft einer Zitrone

- Die Zwiebeln schälen, klein schneiden und in Olivenöl goldgelb andünsten. Den Kürbis entkernen, in kleine Würfel schneiden (Muskatkürbis vorher schälen) und zu den Zwiebeln geben. Den Ingwer schälen und sehr fein hacken, gegebenenfalls die Chilischote entkernen und klein schneiden.
- Den Kürbis mit Ingwer, Cayennepfeffer oder Chili, Meersalz, Currypulver und Pfeffer würzen. Vorsicht mit dem Pfeffer, denn Chili, Ingwer und Curry sind schon scharf – es geht primär um den Geschmack, weniger um die Schärfe.
- Alles zusammen ein paar Minuten andünsten. Die Tomaten klein würfeln, den Knoblauch schälen und klein schneiden und beide Zutaten zum Kürbis geben. Dann mit dem Weißwein oder Wasser ablöschen und etwas ziehen lassen. Anschließend das Wasser und die geschälten, klein gewürfelten Kartoffeln dazugeben. Alles zusammen etwa 15 Minuten köcheln lassen.
- Sobald der Kürbis gar ist, die Suppe mit dem Mixstab oder im Mixer pürieren, abschmecken und zum Schluss den Wein oder Zitronensaft dazugeben (Zitronensaft sollte nicht mehr mitkochen, weil es sonst nicht so gut schmeckt).

Blütenzauber in der Küche

Blüten lassen sich in der Küche auf vielfältige und fantasie-
volle Weise verwenden. Sie sorgen beispielsweise für farben-
frohe Salate und Brotaufstriche und eignen sich wunderbar
als ästhetische sowie essbare Verziehung auf vielen Gerichten.
Die Kapuzinerkresse zum Beispiel, auf der Titelseite unseres
Buches, verschönert mit ihrer Farbe jeden grünen Salat und bereichert diesen
darüber hinaus mit ihrem leckeren Aroma.

Lassen Sie sich doch einfach von den Illustrationen unseres Buches (oder
einem Gang durch Ihren Garten) inspirieren. Hier finden Sie immer wieder
Gänseblümchen, Borretsch, Ringelblumen, Kornblumen, Schnittlauchblüten,
Veilchen oder Huflattichblüten. Oder denken Sie an die Blüten
aller Küchenkräuter: Oregano, Basilikum, Lavendel ...

Welche Blüten Sie nun auch verwenden: Am besten sollten
sie an einem warmen, trockenen Morgen geschnitten werden.
Denn so haben sich die ätherischen Öle noch nicht in der starken
Mittagssonne verflüchtigt. Aus diesem Grund sollte man ebenso
darauf achten, Blütenknospen oder Blüten, die noch nicht ganz geöffnet sind,
zu wählen. Falls Sie Blüten in der Natur selbst sammeln möchten, sollten Sie
die Pflanzen natürlich kennen und darauf achten, nur dort zu sammeln, wo es
keine giftigen Verunreinigungen gibt. Waschen Sie die Blüten sicherheitshalber
in jedem Fall ganz vorsichtig vor der Verwendung.

Mittlerweile finden Sie aber auch eine reiche Auswahl
von Kräutern und essbaren Blüten auf dem Wochenmarkt.
Probieren Sie einfach aus, was Ihnen schmeckt und gefällt.

Viel Freude dabei!

Pikante Kartoffelsuppe

Die Kartoffel ist weltweit beliebt. Sie kann viele Grundbedürfnisse unserer Ernährung weitgehend abdecken. So können besonders ihr hoher Vitamin-C- und Kaliumgehalt unsere Abwehrkraft und unser Herz stärken sowie einen eventuell hohen Blutdruck senken.

für 3 bis 4 Personen

500 g mehligkochende Kartoffeln
1 Zwiebel
natives Olivenöl extra
etwa 1 TL Meersalz
frisch gemahlener Pfeffer
frisch geriebener Muskat
½ TL Currypulver
etwa 1 l Wasser
½ frische Peperonischote
1 Knoblauchzehe
frische Petersilie zum Bestreuen

- Die Kartoffeln schälen und klein schneiden. Die Zwiebel schälen, in kleine Würfel schneiden und mit Olivenöl anschwitzen. Die Kartoffelstückchen zugeben, würzen und mit dem Wasser ablöschen. Dazu kommt die sehr fein geschnittene Peperoni.
- Die Kartoffelstücke je nach Größe 10 – 15 Minuten weich kochen. Anschließend mit dem Mixstab gut pürieren. Zum Schluss die Knoblauchzehe schälen, sehr klein hacken, zur Suppe geben, alles gut verrühren und mit grob geschnittener Petersilie bestreuen.

Tomatensuppe

Frische, aromatische Suppe, die besonders gerne auch Kinder mögen

für 2 bis 4 Personen

10 frische, reife Tomaten oder etwa 500 g passierte Tomaten
1 Zwiebel
natives Olivenöl extra
etwa ½ TL Meersalz
frisch gemahlener Pfeffer
frischer oder getrockneter Rosmarin
1 Glas kräftiger Rotwein (zum Beispiel Sangiovese oder Chianti)
  oder 1 Glas Wasser (etwa 125 ml)
1 Knoblauchzehe
frisches Basilikum zum Bestreuen

- Die Tomaten in kleine Stücke schneiden, dabei die grünen Strünke entfernen. Wer es fein mag, enthäutet und entkernt die Tomaten vorher (zum Enthäuten die Tomaten mit kochendem Wasser übergießen, kurz ziehen lassen, dann die Haut abziehen, siehe auch Tipp auf Seite 188).
- Die Zwiebel schälen, klein schneiden, in Öl anschwitzen und die Gewürze beifügen. Mit dem Rotwein ablöschen. Entscheidet man sich für die alkoholfreie Variante, nimmt man statt Wein einfach die entsprechende Menge Wasser. Die Tomaten zugeben und 10 – 15 Minuten köcheln lassen.
- Den Knoblauch schälen, fein hacken und zur Suppe geben.
- Anschließend mit dem Pürierstab gut durchmixen und abschmecken. Zum Schluss einen Schuss Olivenöl und frische Basilikumblätter dazugeben.

Bohneneintopf

Kräftiges für den großen Hunger!

für 2 Personen

250 g getrocknete rote Bohnen (zum Beispiel Kidneybohnen)
Wasser zum Einweichen und Kochen der Bohnen
2 – 3 mittelgroße Zwiebeln
kalt gepresstes Sonnenblumenöl
2 Knoblauchzehen
1 gelbe Paprikaschote
1 rote Paprikaschote
250 g Zucchini
250 g Auberginen
5 reife Tomaten
1 l Wasser
1 TL Meersalz
frisch gemahlener Pfeffer
½ TL edelsüßes Paprikapulver
1 Messerspitze Currypulver
½ TL frischer oder getrockneter Thymian
½ frische Chilischote (kann auch mehr oder weniger sein)
200 g gegarte Maiskörner

- Die Bohnen über Nacht in reichlich Wasser einweichen. Am nächsten Tag in frischem Wasser gar kochen – im normalen Kochtopf benötigen die Bohnen hierfür 60 – 90 Minuten, im Schnellkochtopf 20 – 30 Minuten. Das restliche Wasser abgießen und die Bohnen mit kaltem Wasser abschrecken.
- Die Zwiebeln schälen, in Ringe schneiden und in Öl anschwitzen. Eine der Knoblauchzehen schälen und klein hacken sowie das Gemüse in grobe Würfel schneiden – vorher Strünke und bei den Paprikaschoten auch die Kerne entfernen.
- Knoblauch und Gemüse zu den Zwiebeln geben. Mit dem Wasser ablöschen, würzen und die entkernte und fein gehackte Chilischote zugeben.
- Der Eintopf muss dann noch etwa 15 Minuten kochen, bevor Sie den Mais und die Bohnen kurz darin mitziehen lassen.

- Zum Schluss die zweite Knoblauchzehe schälen, sehr fein hacken, zum Eintopf geben und gut vermischen. Haben Sie gerade noch etwas frische Petersilie zur Hand, schneiden Sie diese klein und bestreuen den Eintopf vor dem Servieren damit (für alle, die etwas Frisches mögen, eignet sich in diesem Fall Petersilie besonders gut; im Gericht selbst gibt Thymian das Hauptaroma – frischer Thymian als Dekoration würde dieses jedoch überbetonen).

Gemüse, Bratlinge und Kartoffeln

Grünkernbratlinge

Wunderbar für zu Hause und unterwegs

für 2 bis 3 Personen

1 Zwiebel
natives Olivenöl extra oder kalt gepresstes Sonnenblumenöl
250 g Grünkernschrot (am besten frisch geschrotet)
½ – 1 TL Meersalz
frisch gemahlener Pfeffer
1 Messerspitze Currypulver
½ TL edelsüßes Paprikapulver
frisch geriebener Muskat
etwa 250 ml Wasser
2 große Karotten
1 Knoblauchzehe
½ Bund frische Petersilie oder frische mediterrane Kräuter
  (Oregano, Rosmarin, Thymian)
2 EL fein gemahlenes Vollkornmehl

- Die Zwiebel schälen, klein würfeln und mit Olivenöl in einem Topf anschwitzen. Den grob geschroteten Grünkern zugeben, würzen und mit dem Wasser ablöschen. Die Masse kurz zum Köcheln bringen, dann die Hitzequelle ausschalten und den Grünkern etwa 30 Minuten auf der Herdplatte quellen lassen. Wichtig ist, immer wieder umzurühren und eventuell noch etwas Wasser dazuzugeben. Die Masse sollte zum Schluss die Konsistenz eines festen Teiges haben.
- Inzwischen die Karotten grob raspeln, den Knoblauch schälen und ebenso wie die Kräuter klein schneiden. Diese Zutaten mit der gequollenen, abgekühlten Masse vermengen. Zum Verfeinern noch einen Schuss Olivenöl unterrühren. Ganz zum Schluss das Mehl mit dem Teig vermischen.
- Wichtig: Schmecken Sie den Teig kräftig ab – Grünkern verträgt einiges. Achten Sie darauf, dass die Masse jetzt schon gut schmecken muss!
- Dann pro Bratling etwa zwei Esslöffel von der Masse in eine heiße Pfanne mit etwas Öl geben und mit dem Löffel zu einem 1 cm dicken Bratling ausstreichen. Die Bratlinge knusprig braun backen und die fertigen Stücke im Backofen bei 60 – 80 °C warm stellen.
- Die Grünkernbratlinge schmecken gut mit frischem Salat (siehe ab Seite 78) oder mit Kohlrabi-Karotten-Gemüse (siehe Seite 153).

Gebratener Butternuss-Kürbis

Schmeckt wunderbar als Beilage zu vielen Gerichten und kalt lecker auf Brot

für etwa 4 Personen (je nach Kürbisgröße)

1 Butternuss-Kürbis
reine Pflanzenmargarine oder kalt gepresstes Pflanzenöl guter Qualität
  (zum Beispiel Sonnenblumenöl)
Meersalz
frisch gemahlener Pfeffer

- Den Kürbis entkernen und in etwa 2 cm dicke Scheiben schneiden. Dann schälen.
- Etwa 20 Minuten in Pflanzenmargarine oder Öl angebraten und mit Salz und Pfeffer gewürzt – einfach köstlich!

Grüne Bohnen

Elegantes Gemüse mit knusprigen Semmelbröseln

für 3 bis 4 Personen

etwa 750 g grüne Bohnen
1 Zwiebel
2 Knoblauchzehen
natives Olivenöl extra
½ TL Meersalz
frisch gemahlener schwarzer Pfeffer
frisch geriebener Muskat
1 Messerspitze Currypulver
etwa 200 ml Wasser
2 Scheiben Vollkornbrot
2 – 3 EL Vollkornsemmelbrösel

- Die Bohnen abgipfeln (die Enden entfernen) und eventuell vorhandene Fäden abziehen. Die Zwiebel und 1 Knoblauchzehe schälen, in kleine Würfel schneiden und in Olivenöl anschwitzen. Dann die Bohnen dazugeben und etwa 5 Minuten mitdünsten. Währenddessen gleich würzen.
- Anschließend mit dem Wasser ablöschen und etwa 15 Minuten bissfest gar kochen. Zum Schluss abschmecken und die zweite Knoblauchzehe geschält und sehr fein gehackt daruntermischen.
- In der Zwischenzeit das Brot in Würfel schneiden, mit den Semmelbröseln in reichlich Olivenöl goldbraun rösten und vor dem Servieren über die Bohnen geben.

Sauerkraut schonend gegart

Vitaminreiches für den Winter

für 2 Personen

500 g frisches Sauerkraut
1 Zwiebel
kalt gepresstes Pflanzenöl guter Qualität (zum Beispiel Sonnenblumenöl)
1 – 2 Prisen Meersalz
frisch gemahlener Pfeffer
frisch geriebener Muskat
1 Prise Currypulver
etwa 1 Tasse Wasser (etwa 100 ml)

- Probieren Sie das Sauerkraut erst einmal im rohen Zustand: Sollte es Ihnen zu sauer sein, was eventuell nach langer Einlegezeit möglich ist, waschen Sie das Kraut vor der Weiterverwendung unter fließendem Wasser ab.
- Die Zwiebel schälen, fein würfeln, in etwas Öl anschwitzen und dann die Hälfte des Sauerkrautes zugeben. Würzen und mit dem Wasser ablöschen.
- Nach etwa 15 Minuten das restliche Sauerkraut zugeben und alles zusammen bei ausgeschalteter Hitzequelle noch 2 – 3 Minuten ziehen lassen. Zum Schluss nochmals abschmecken.

 Tipp: Dazu passen wunderbar Kartoffelbrei, Kartoffelgratin oder Brat-kartoffeln (siehe Seiten 155, 175 und 156).

Rotkraut

Das Krautrezept für gemütliches Essen im kalten Winter –
schmeckt nicht nur an Festtagen besonders gut

für 2 Personen

1 Kopf Rotkraut
1 Zwiebel
1 Apfel
etwa 5 Wacholderbeeren
2 Gewürznelken
kalt gepresstes Sonnenblumenöl
etwa ½ TL Meersalz
frisch gemahlener schwarzer Pfeffer
frisch geriebener Muskat
1 Lorbeerblatt
1 Messerspitze Currypulver
2 Prisen getrockneter Rosmarin
3 EL Rotweinessig
50 – 100 ml Rotwein oder milder Balsamessig
etwa 300 ml Wasser

- Die äußeren und trockenen Blätter des Kohlkopfes entfernen, den Kopf der Länge nach halbieren und den Strunk keilförmig herausschneiden. Danach den Kohl in feine Querstreifen schneiden.
- Die Zwiebel schälen und klein würfeln, das Kerngehäuse des Apfels entfernen und den Apfel in Würfel schneiden. Wacholderbeeren und Nelken im Mörser zerstoßen.
- In einem Topf die Zwiebel in etwas Öl anschwitzen, den Kohl sowie den Apfel und die Gewürze dazugeben. Mit dem Essig und eventuell dem Rotwein ablöschen und erst nach 2 – 3 Minuten das Wasser dazugießen.
- Wichtig: Zum Schluss soll nicht viel Brühe, sondern eine Art konzentriertes Sößchen übrig bleiben, weil so die Aromen der Gewürze und eventuell des Weins tatsächlich am Rotkraut und nicht in der Brühe sind. Seien Sie deshalb also erst einmal vorsichtig mit der Wassermenge. Sollte es am Ende zu viel Brühe sein, lassen Sie diese etwas einkochen.
- Das Kraut muss dann 45 – 60 Minuten gar kochen – je nachdem, wie al dente Sie es mögen. Zum Verfeinern noch ein Schuss Sonnenblumenöl an das Kraut geben. Herrlich zu allen Kartoffelgerichten!

Pikanter Wirsing

Das gesunde Kraut – seit Jahrhunderten beliebt

für 2 bis 3 Personen

1 Kopf Wirsing
1 Zwiebel
1 Prise Kümmelsamen
kalt gepresstes Sonnenblumenöl
etwa ½ TL Meersalz
frisch gemahlener schwarzer Pfeffer
frisch geriebener Muskat
1 Messerspitze Currypulver
2 TL Senf (Haushaltssenf oder Meerrettichsenf)
etwa 200 ml Wasser
2 EL frische Petersilie zum Bestreuen

- Die äußeren sowie die gelbbraun gefärbten oder trocken gewordenen Blätter des Kohls entfernen. Dann den Kohlkopf der Länge nach halbieren, den Strunk keilförmig herausschneiden und den Kohl in etwa 1 cm breite Querstreifen schneiden.
- Die Zwiebel schälen und klein schneiden, den Kümmel im Mörser zerstoßen. Die Zwiebel in einem Topf mit etwas Öl anschwitzen, den Kohl dazugeben, würzen und 2 – 3 Minuten mit anschwitzen. Danach den Senf dazugeben und mit dem Wasser ablöschen. Den Kohl bei geschlossenem Deckel 20 – 30 Minuten gar kochen.
- Zum Anrichten mit der frisch geschnittenen Petersilie bestreuen.

 Tipp: Als Beilage schmecken dazu alle Kartoffelgerichte sehr gut.

Kohlrabi-Karotten-Gemüse

Bunte Farben auf dem Teller

für 2 Personen

4 Karotten
500 g Kohlrabi
1 Zwiebel
kalt gepresstes Sonnenblumenöl
4 – 5 Prisen Meersalz
etwas frisch gemahlener Pfeffer
etwas frisch geriebener Muskat
1 Prise Currypulver
Wasser zum Ablöschen nach Bedarf
frische Petersilie zum Bestreuen

- Die Karotten putzen, den Kohlrabi schälen und alles Holzige, also Hartes und Grobfasriges, entfernen. Sowohl Karotten als auch Kohlrabi in etwa gleich große Stifte oder Würfel schneiden.
- Die Zwiebel schälen, klein schneiden, in einem Topf in etwas Öl anschwitzen und das Gemüse dazugeben. Würzen und alles zusammen etwa 5 Minuten andünsten. Dann mit so viel Wasser ablöschen, dass der Topfboden bedeckt ist. Bei geschlossenem Deckel 10 – 15 Minuten fertig garen.
- Eventuell noch etwas Wasser dazugeben – es sollte am Schluss gerade ein wenig Flüssigkeit dabei sein. Abschmecken und mit der grob geschnittenen Petersilie bestreuen.

 Tipp: *Besonders gut schmecken Bratkartoffeln (siehe Seite 156) oder Grünkernbratlinge (siehe Seite 147) dazu.*

Mangoldgemüse mit Champignons

Gesundes Gemüse mit frischen Pilzen

für 2 Personen

2 mittelgroße Zwiebeln
2 Knoblauchzehen
natives Olivenöl extra
500 g Mangoldblätter
etwa 1 Tasse Wasser (100 – 150 ml)
4 – 5 Prisen Meersalz
etwas frisch gemahlener Pfeffer
etwas frisch geriebener Muskat
1 Prise Currypulver
eventuell etwas reine Pflanzenmargarine
300 g Champignons

- Die Zwiebeln und den Knoblauch schälen und klein würfeln. Eine der Zwiebeln in etwas Olivenöl anschwitzen. Dann die gewaschenen und in einer Salatschleuder oder im Geschirrtuch trockengeschleuderten Mangoldblätter in Streifen schneiden, zur Zwiebel geben, kurz andünsten und 5 – 10 Minuten zusammenfallen lassen. Mit dem Wasser ablöschen und würzen. Zum Verfeinern großzügig Olivenöl oder reine Pflanzenmargarine darübergeben. Es mildert gleichzeitig den etwas rauen Mangoldgeschmack.
- Die Champignons mit einem Pinsel säubern. In einer Pfanne die zweite Zwiebel und den Knoblauch anschwitzen, die Champignons dazugeben und etwa 5 Minuten dünsten. Würzen. Beim Anrichten auf den Mangold geben.

 Tipp: *Dazu schmecken sehr gut beispielsweise Kartoffelgratin, Bratkartoffeln, aber auch Pellkartoffeln (siehe Seiten 175, 156 und 159).*
Wussten Sie, dass Mangold nach einem Stresstag entspannend auf uns wirken kann? Sein hoher Magnesiumgehalt wirkt wohltuend auf unsere Muskeln, Nerven und kann sogar Migräne vorbeugen!

Kartoffelbrei

Der beliebte Klassiker – lecker auch ohne Milch!

für 2 bis 3 Personen

500 g mehligkochende Kartoffeln
½ TL Meersalz
120 g reine Pflanzenmargarine
frisch gemahlener Pfeffer
reichlich frisch geriebener Muskat
1 Messerspitze Currypulver

- Die Kartoffeln schälen und in etwa 2 cm dicke Scheiben schneiden. In einem nicht zu großen Topf mit Wasser etwa 15 Minuten weich garen (die Kartoffeln sollten zur Hälfte mit Wasser bedeckt sein). Das Kochwasser leicht salzen.
- Danach die Kartoffeln in ein Sieb über einem Topf abschütten, die Brühe in einem separaten Gefäß sammeln. Die noch heißen Kartoffeln mit einer Presse zerdrücken oder mit einem Kartoffelstampfer zerstoßen. Dann zuerst die Margarine und anschließend so viel Kartoffelsud zugeben, bis ein schöner Kartoffelbrei mit der richtigen Konsistenz entsteht, also derjenigen, die Sie mögen.
- Die Gewürze zugeben und das Ganze noch einmal gut durchrühren.

 Tipp: *Zwei geschälte und in Ringe geschnittene Zwiebeln in einer Pfanne in Olivenöl goldbraun braten, mit etwas Meersalz und frisch gemahlenem Pfeffer würzen und zum Anrichten auf den Kartoffelbrei geben.*

Variante: Kartoffelbrei aus dem Backofen

Kochen Sie einen Kartoffelbrei wie im Rezept angegeben, füllen Sie ihn in eine gefettete Auflaufform, ziehen mit einer Gabel ein wellenförmiges Streifenmuster auf den Kartoffelbrei und verteilen einige Margarineflöckchen auf der Oberfläche. Den Grill des Backofens vorheizen und die Auflaufform relativ nahe (auf dem Rost) darunterschieben. Sobald die Oberfläche nach 5 – 10 Minuten goldbraun geworden ist, den Brei sofort herausnehmen, da die große Hitze die Oberfläche sonst schnell verbrennen würde.

Rosenkohl und gebratene Rosmarinkartoffeln

Gemüsegericht mit edlem Aroma

für 2 bis 3 Personen

500 g Rosenkohl
1 Zwiebel
1 Knoblauchzehe
etwa 50 ml natives Olivenöl extra
4 – 5 Prisen Meersalz
frisch gemahlener Pfeffer
Wasser zum Ablöschen nach Bedarf
frisch geriebener Muskat
1 Messerspitze Currypulver
eventuell ½ Glas Weißwein (etwa 50 ml)
etwa 8 mittelgroße Kartoffeln
2 Zweige Rosmarin
*   (2 – 3 EL frische oder 1 TL getrocknete Rosmarinnadeln)*

- Die braunen und welken Blätter des Rosenkohls entfernen und die Röschen auf der Strunkseite kreuzförmig etwa 1 cm tief einschneiden. Die Zwiebel und Knoblauchzehe schälen, klein hacken und in etwas Olivenöl anschwitzen. Dann den Rosenkohl dazugeben, mit Salz und Pfeffer würzen und bei geschlossenem Deckel etwa 5 Minuten dünsten.
- Nun mit so viel Wasser ablöschen, dass die Rosenkohlröschen etwa 1 cm hoch davon bedeckt sind. Dann Muskat und Currypulver zugeben und bei mittlerer Hitze 15 – 25 Minuten gar köcheln. Am Ende den Topf von der Hitzequelle nehmen, eventuell den Weißwein zugeben und vermischen. Bei zu viel Brühe etwas einkochen lassen.
- Währenddessen die Kartoffeln schälen, in 1 – 2 cm große Würfel schneiden und in einer Pfanne in reichlich Olivenöl braten. Nach etwa 15 Minuten den Rosmarin zugeben. Die gesamte Garzeit beträgt etwa 30 Minuten.

Tipps: *Mögen Sie Bratkartoffeln, was das Fett angeht, ganz leicht, dann braten Sie diese in einer beschichteten Pfanne mit wenig Olivenöl an und geben erst gegen Ende nochmals etwas Olivenöl dazu. So haben Sie knusprige und aromatische Bratkartoffeln ohne viel Fett.*

Wie man »richtig« Bratkartoffeln macht, löst immer wieder ernste Diskussionen aus. Die einen schwören auf schwache Hitze, die anderen auf erstmal scharf anbraten ...

Hier unsere bewährten Varianten:

1. Bei mittlerer Hitze langsam, gemütlich braten.

2. Scharf anbraten, bis die ersten Kartoffeln Farbe annehmen, dann auf mittlere Hitze schalten, mit einem Deckel abdecken und erst, wenn die Kartoffeln einigermaßen gar sind, wieder aufdecken. Jetzt mit größerer Hitze und vielleicht noch etwas Öl knusprig zu Ende braten.

Übrigens: Hängen die Kartoffeln in einer nicht beschichteten Pfanne an, einfach die Hitze deutlich vermindern – die Kartoffeln lassen sich dann wieder leichter vom Pfannenboden lösen und wenden. Dies gilt übrigens auch für Nudeln und alles andere Angebratene.

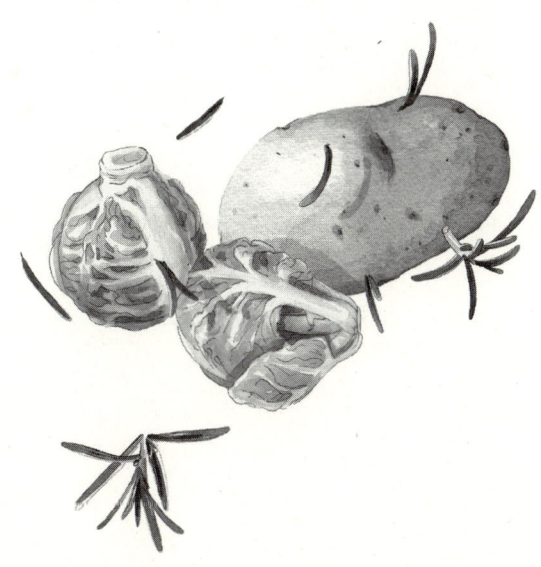

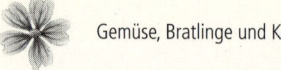

Kartoffel-Gemüse-Pfanne

Einfach, gut – gibt viel Kraft!

für 2 bis 3 Personen

500 g Kartoffeln
1 Petersilienwurzel
1 mittelgroße Knolle Sellerie
2 mittelgroße Karotten
1 mittelgroßer Wirsing
1 Zwiebel
natives Olivenöl extra
frisch gemahlener Pfeffer
½ – 1 TL Meersalz
frisch geriebener Muskat
1 Knoblauchzehe

- Die Kartoffeln, Petersilienwurzel und Sellerieknolle schälen. Die Karotten putzen. Den Wirsing halbieren und den Strunk keilförmig herausschneiden. Mit Ausnahme des Wirsings das Gemüse in etwa gleich große kleine Würfel schneiden.
- Den Wirsing in Streifen schneiden, die Zwiebel schälen und grob würfeln.
- Wenn Sie eine große Pfanne oder einen Wok haben, braten Sie alles zusammen in einer Pfanne, wenn nicht, bereiten Sie die Kartoffeln in einer separaten Pfanne zu.
- Die gewürfelten Karotten in Olivenöl etwa 15 Minuten bei geschlossenem Deckel anbraten, anschließend das andere Gemüse zugeben – inklusive des Wirsings, der Zwiebel und (beim Braten in einer gemeinsamen Pfanne) der Kartoffeln. Mit Pfeffer, Salz und frisch geriebenem Muskat würzen.
- Dann 15 weitere Minuten bei geschlossenem Deckel zu Ende garen und abschmecken. Zum Schluss den Knoblauch schälen, sehr fein hacken und gleichmäßig auf dem Pfanneninhalt verteilen.

Meerrettich mit Pellkartoffeln

Eine abwehrstärkende Mahlzeit mit herrlich würzigem Aroma

für 2 bis 3 Personen

8 mittelgroße, mehligkochende Kartoffeln
200 g Meerrettich (Stangenmeerrettich)
1 Zwiebel
etwa 150 ml kalt gepresstes Sonnenblumenöl
3 EL fein gemahlenes Dinkelvollkornmehl
etwa 1 l Wasser
½ – ¾ TL Meersalz
etwas frisch gemahlener Pfeffer
etwas frisch geriebener Muskat
1 Prise Currypulver
etwas frische Petersilie zum Bestreuen

- Die Kartoffeln waschen und dabei gut abbürsten. Dann in einem nicht zu großen Topf, mit Wasser bedeckt, 15 – 20 Minuten weich garen. Die Kartoffeln abgießen und abschrecken, das heißt kurz mit kaltem Wasser übergießen.
- Den Meerrettich schälen und am geöffneten Fenster (wegen der Schärfe) fein reiben. Die Zwiebel schälen, fein würfeln und in dem Sonnenblumenöl andünsten. Nach wenigen Minuten etwa zwei Drittel des Meerrettichs zugeben und mitdünsten – so verliert sich die Schärfe größtenteils.
- Dann das Mehl zugeben und mit dem Wasser eine Mehlschwitze zubereiten – also immer wieder etwas von dem Wasser zugeben, aufkochen lassen und mit dem Schneebesen ständig rühren, bis die Sauce schön sämig geworden ist. Anschließend würzen und etwa 20 Minuten köcheln lassen.
- Danach abschmecken und das restliche Drittel geriebenen Meerrettich in die Sauce rühren. Durch den frischen Meerrettich wird die Sauce wieder scharf!
- Die Kartoffeln schälen, mit der Sauce und der darübergestreuten, klein geschnittenen Petersilie servieren.

Backofengerichte

Bruschetta

Bruschetta ist sozusagen der italienische Toast – schmeckt
wunderbar als Beilage oder Vorspeise oder überhaupt!

pro Person

1 Scheibe Vollkornbrot
natives Olivenöl extra
½ Knoblauchzehe
1 Prise Meersalz
etwas frisch gemahlener Pfeffer

- Die Brotscheibe etwa 5 Minuten jeweils von beiden Seiten in einer Pfanne mit etwas Olivenöl anbraten.
- Dann mit der halbierten Knoblauchzehe einreiben. Mit reichlich Olivenöl beträufeln und mit etwas Salz und Pfeffer bestreuen.

Bruschetta mit Tomaten

Italienische Köstlichkeit – nicht nur im Sommer

für 3 bis 6 Personen

6 Scheiben Weißbrot oder 4 Scheiben Vollkornbrot oder Bauernbrot
reichlich mildes natives Olivenöl extra
4 – 6 mittelgroße reife Tomaten
1 Knoblauchzehe
2 – 3 Prisen Meersalz
etwas frisch gemahlener schwarzer Pfeffer
einige frische Basilikumblätter

- Die Brotscheiben in einer Pfanne von beiden Seiten mit etwas Olivenöl anbraten.
- Die Tomaten in Würfel schneiden. Eventuell die Kerne aus den halbierten Tomaten mit einem Teelöffel entfernen.
- Den Knoblauch schälen, klein hacken, Salz und Pfeffer zugeben und mit reichlich Olivenöl in einer Schüssel vermischen.
- Die Tomatenwürfel und die Knoblauchmischung gut miteinander vermengen, auf das angebratene Brot geben und die klein gezupften, frischen Basilikumblätter darüberstreuen.

 Tipp: *Möchten Sie für mehrere Personen oder Gäste Bruschetta machen, geben Sie die Brotscheiben zum Rösten einfach im Backofen unter den Grill.*

Varianten
Das Prinzip mit den angerösteten Brotscheiben ist immer das gleiche. Doch die Varianten dessen, was oben drauf kommt, bleiben Ihrer Fantasie überlassen. Denken Sie nur einmal daran, dass man Bruschetta auch zum Beispiel mit allen Pestos zubereiten kann ...

Knoblauchbaguette

Der Klassiker für alle Feste, Feiern, Partys

für 2 bis 3 Personen

½ Bund frische Petersilie
3 Knoblauchzehen
250 g reine Pflanzenmargarine
½ TL Meersalz
frisch gemahlener Pfeffer
frisch geriebener Muskat
1 großes französisches Weißbrot (oder Vollkornbaguette)

- Die Petersilie und den geschälten Knoblauch so klein wie möglich schneiden und mit der Margarine vermischen. Die Gewürze zugeben und gut verrühren. Danach die Mischung mindestens 30 Minuten zugedeckt stehen lassen.
- Dann das Knoblauchbaguette wie folgt weiter zubereiten: Die einfachste Variante: Das Brot der Länge nach in der Mitte durchschneiden und die Knoblauchmischung auf den beiden Brothälften verteilen. Oder Sie schneiden das Brot so als ob Sie es normal aufschneiden wollten – schneiden aber die Stücke nicht wirklich ab, sondern lassen sie am Laib dran. Dann streichen Sie die Knoblauchmischung zwischen die Scheiben.
- Für beide Varianten gilt, dass das Brot anschließend etwa 5 Minuten unter den Grill in den Backofen kommt, bis es schön goldgelb und knusprig ist.

Pizza trecolore

Pizza mit drei Farben (»trecolore«: italienisch »drei Farben«)

für ein Backblech Pizza

300 g Hefeteig aus Dinkelvollkornmehl (siehe Grundrezept Seite 186)

Tomatensauce
1 Zwiebel
1 Knoblauchzehe
natives Olivenöl extra
5 frische, reife Tomaten oder 200 g passierte Tomaten
½ TL Meersalz
½ TL frisch gemahlener schwarzer Pfeffer
½ TL edelsüßes Paprikapulver
etwas frisch geriebener Muskat
½ TL frischer oder getrockneter Oregano

2 rote Paprikaschoten
1 kleiner bis mittelgroßer Brokkoli
200 g Champignons
natives Olivenöl extra
Meersalz
frisch gemahlener Pfeffer
½ TL frischer oder getrockneter Oregano

- Einen Hefeteig nach Grundrezept zubereiten (siehe Seite 186).
- Während der Teig geht, für die Tomatensauce die Zwiebel und Knoblauchzehe schälen, zerkleinern und in etwas Olivenöl anschwitzen. Anschließend die grob gewürfelten Tomaten dazugeben (die grünen Strünke vorher entfernen). Gewürze und Oregano hinzufügen und alles 10 – 15 Minuten köcheln lassen. Dann mit dem Pürierstab die Sauce pürieren und zur gewünschten Konsistenz einkochen lassen.
- Erst zum Schluss abschmecken und etwas abkühlen lassen.

- Für die rote Farbe die Paprika halbieren, entkernen und der Länge nach in feine Streifen schneiden.
- Für die grüne Farbe den Brokkoli in ganz kleine Röschen zerteilen. Die Stiele am besten stückig klein schneiden. Sie werden sonst nicht mit dem restlichen Gemüse gar.
- Für die weiße Farbe die Champignons mit einem Pinsel säubern und in etwas gröbere Scheiben schneiden.
- Nachdem der Teig 60 Minuten gegangen ist, dünn auswellen, auf ein mit Olivenöl bestrichenes Backblech legen und anpassen. Zwei Drittel der Fläche mit der Tomatensauce bestreichen. Auf das Drittel ohne Sauce kommen die Pilze, auf die beiden anderen jeweils Brokkoli beziehungsweise Paprika. Die ganze Pizza mit Salz, Pfeffer und Oregano würzen und mit Olivenöl beträufeln.
- Dann kommt die Pizza in den auf mindestens 220 °C (Ober- und Unter-hitze) vorgeheizten Backofen. Nach etwa 15 Minuten die Temperatur auf 200 °C herunterschalten. Die Pizza braucht jetzt noch 5 – 10 Minuten. Die große Hitze zu Beginn bewirkt, dass sie schön knusprig wird und nicht austrocknet. Die Pizza herausnehmen, nochmals mit feinem Olivenöl be-träufeln und am besten gleich essen!

Pizzavarianten

Die wunderbare Vielfalt veganer Pizza

für ein Backblech Pizza

Jeweils 300 g Hefeteig aus Dinkelvollkornmehl nach Grundrezept zubereiten (siehe Seite 186). Den Teig wie auf Seite 165 (Rezept für Pizza trecolore) beschrieben auswellen, auf ein mit Olivenöl bestrichenes Backblech legen und mit den jeweiligen Zutaten belegen. Die Pizza dann wie auf Seite 165 beschrieben im vorgeheizten Backofen backen.

 Wichtig: Bitte denken Sie daran, dass eine Gemüsepizza kräftig gewürzt sein sollte, weil weder Schinken noch Salami oder Käse verwendet wird. Vergessen Sie auch nicht, die Pizza nach dem Backen mit Olivenöl zu beträufeln: Fett ist hierbei der Geschmacksträger Nummer 1! Zudem ist Olivenöl gesund und dient dazu, dass die Vitamine im Gemüse gut vom Körper aufgenommen werden können.

Pizza mit Tomaten und schwarzen Oliven

- Eine Rezeptmenge Tomatensauce zubereiten (siehe Seite 164) und den ausgewellten Teig damit bestreichen.
- Die Pizza mit etwa 1 kg in Scheiben geschnittenen reifen Tomaten und 100 – 200 g schwarzen Oliven belegen. 3 – 4 Knoblauchzehen schälen, in Scheiben schneiden und darüber verteilen. Mit Basilikum, Meersalz, frisch gemahlenem Pfeffer und nativem Olivenöl nach Geschmack würzen.

Pizza mit Tomaten, Knoblauch und Kapern

- Eine Rezeptmenge Tomatensauce zubereiten (siehe Seite 164) und den ausgewellten Teig damit bestreichen.
- Etwa 1 kg reife Tomaten in Scheiben schneiden, dabei die grünen Strünke entfernen, und auf die Pizza legen. 3 – 4 Knoblauchzehen schälen, in Scheiben schneiden und ebenso wie Kapern nach Geschmack darüber verteilen. Mit Basilikum, Meersalz, frisch gemahlenem Pfeffer und nativem Olivenöl nach Geschmack würzen.

Kartoffelpizza – Spezialität aus Rom

- Etwa 1 kg Kartoffeln waschen, schälen und in feine Scheiben schneiden. Die Pizza gleichmäßig damit belegen. Mit Rosmarin, Meersalz und frisch gemahlenem Pfeffer bestreuen und mit nativem Olivenöl beträufeln.

Pizza mit Champignons

- 1 Zwiebel und 1 Knoblauchzehe schälen und klein hacken. Etwa 500 g Champignons in grobe Scheiben schneiden und in einer Pfanne zusammen mit Zwiebel und Knoblauch etwa 5 Minuten in reichlich nativem Olivenöl anschwitzen. Die Pilzmischung auf der Pizza verteilen.
- Diese Variante schmeckt sehr gut mit Thymian, Rosmarin, Petersilie oder auch ganz ohne Kräuter. Würzen Sie mit Meersalz und frisch gemahlenem Pfeffer.

Paprikapizza

- Eine Rezeptmenge Tomatensauce zubereiten (siehe Seite 164) und den ausgewellten Teig damit bestreichen.
- 2 grüne, 2 rote und 2 gelbe Paprikaschoten halbieren, entkernen und in feine Längsstreifen schneiden. Die Pizza wie bei der Trecolore-Pizza (siehe Seite 164) nach Farben dritteln und die Paprika darauflegen. Mit Basilikum, Meersalz, frisch gemahlenem Pfeffer und nativem Olivenöl nach Geschmack würzen.

Pizza mit Oliven, Pomodori secchi und reichlich Knoblauch

- Den Teig auf dem Backblech mit reichlich nativem Olivenöl bestreichen und mit insgesamt etwa 250 g entsteinten grünen und schwarzen Oliven und etwa 100 g getrockneten Tomaten (Pomodori secchi, 1 Stunde zuvor in Wasser eingeweicht, dann leicht ausgedrückt) belegen.
- Etwa 10 Knoblauchzehen und 1 Zwiebel schälen, Knoblauch in Scheiben und Zwiebel in Ringe schneiden und auf der Pizza verteilen. Mit Basilikum oder Oregano, Meersalz, frisch gemahlenem Pfeffer und reichlich nativem Olivenöl nach Geschmack würzen. (Aufgrund der Knoblauchmenge sollten Sie danach keine wichtigen Geschäftstermine mehr haben ...)

Pizza mit Brokkoli und Tomaten

- Eine Rezeptmenge Tomatensauce zubereiten (siehe Seite 164) und den ausgewellten Teig damit bestreichen.
- Je nach Geschmack 500 g – 1 kg Brokkoli in Röschen zerteilen, etwa 3 reife Tomaten in Würfel schneiden, 2 Knoblauchzehen schälen und grob hacken. Diese Zutaten auf der Pizza verteilen, natives Olivenöl darüberträufeln und mit Meersalz und frisch gemahlenem Pfeffer würzen.

 Tipp: Natürlich gibt es unzählige weitere Varianten ...

Pizza mit Bärlauchpesto

Die pikanten Aromen des Frühlings auf der Pizza

für ein Backblech Pizza

400 g Hefeteig aus Dinkelvollkornmehl (siehe Grundrezept Seite 186)
natives Olivenöl extra für das Backblech
200 g Bärlauchpesto (siehe Seite 49)

- Den Hefeteig nach Grundrezept zubereiten, auswellen und auf ein gefettetes Backblech geben.
- Das Pesto gleichmäßig darauf verstreichen und die Pizza im vorgeheizten Backofen bei 200 °C (Ober- und Unterhitze) etwa 30 Minuten knusprig backen.

 Tipp: *Diese Pizza kann man auch mit frischem Bärlauch zubereiten.*

Zwiebelkuchen

Herbstliches aus dem Backofen

für 3 bis 4 Personen

Teig
350 g frisch gemahlenes Dinkelvollkornmehl
½ Würfel frische Hefe
etwa 3 EL kalt gepresstes Sonnenblumenöl
etwa 70 ml Wasser
½ TL Meersalz

Mehl für die Arbeitsfläche
Fett für das Backblech (wir empfehlen dafür reine Pflanzenmargarine)
2 kg Zwiebeln
3 Knoblauchzehen
kalt gepresstes Sonnenblumenöl
½ – 1 TL Meersalz
½ TL frisch gemahlener schwarzer Pfeffer
½ TL frisch geriebener Muskat
etwa 200 ml Wasser

- Aus den Zutaten für den Teig einen Hefeteig bereiten (siehe Grundrezept für Hefeteig, Seite 186) und diesen ungefähr 60 Minuten zugedeckt an einem warmen Ort gehen lassen. Danach auf einer bemehlten Arbeitsplatte mit einem Nudelholz auswellen, sodass er auf das gefettete Backblech passt, und auf dieses legen.
- Während der Teig geht, lassen sich gut die Zwiebeln schälen und in Ringe schneiden. Den Knoblauch schälen und in kleine Würfel schneiden.
- In einer großen Pfanne die Zwiebeln und den Knoblauch in reichlich Öl kurz anschwitzen – sie sollen leicht Farbe annehmen. Die Gewürze und das Wasser zugeben. Die Zwiebelmasse bei geschlossenem Deckel ungefähr 5 Minuten köcheln, abschmecken und abkühlen lassen, dann die Masse auf dem Teig verteilen.
- Mit Öl beträufeln und im auf 200 °C (Ober- und Unterhitze) vorgeheizten Backofen etwa 30 Minuten backen. Die Oberfläche sollte schön braun, die Zwiebelmasse weich und der Teig knusprig sein.

Gemüsestrudel

Gemüse lecker verpackt

für 3 bis 4 Personen

Teig
500 g frisch gemahlenes Weizenvollkornmehl
200 ml Wasser
1 TL Meersalz
5 EL kalt gepresstes Sonnenblumenöl

Mehl für die Arbeitsfläche
Fett für das Backblech (wir empfehlen dafür reine Pflanzenmargarine)
1 mittelgroße Zwiebel
natives Olivenöl extra
3 Karotten
½ kleine Knolle Sellerie
2 Stangen Lauch
1 rote Paprikaschote
1 gelbe Paprikaschote
2 Zucchini
3 reife Tomaten
½ TL Meersalz
frisch gemahlener Pfeffer
frisch geriebener Muskat
edelsüßes Paprikapulver
1 Prise Currypulver
2 Knoblauchzehen

- Aus den Zutaten für den Teig einen festen Teig herstellen und diesen 30 Minuten zugedeckt ruhen lassen.
- Für die Füllung die Zwiebel schälen, sehr klein würfeln und in etwas Olivenöl anschwitzen. Die Karotten und den Sellerie putzen und klein würfeln. Den Lauch längs einschneiden, unter fließendem Wasser waschen (Blatt für Blatt durchgehen) und die Wurzeln abschneiden – danach in schmale Streifen schneiden. Die Paprika halbieren, entkernen, die weißen Innenhäute entfernen und ebenfalls klein würfeln.

- Karotten, Sellerie, Lauch und Paprika zur Zwiebel geben und mit anschwitzen. Währenddessen die Zucchini und die Tomaten klein würfeln und anschließend dazugeben. Alles kräftig würzen und etwa 5 Minuten bei geschlossenem Deckel dünsten, abkühlen lassen. Den Knoblauch schälen, fein würfeln und daruntermischen.
- Den Teig auf eine Größe von 40 × 40 cm – 50 × 50 cm dünn auswellen und auf ein bemehltes Geschirrtuch legen. Die Füllung gleichmäßig auf dem Teig verteilen. Mit Hilfe des Geschirrtuches den Teig an der einen Seite immer etwas weiter hoch nehmen, sodass sich der Strudel wie von selbst einrollt.
- Dann diesen auf ein gefettetes Backblech setzen, mit Öl bestreichen und im vorgeheizten Backofen bei 200 °C (Ober- und Unterhitze) etwa 45 Minuten goldgelb knusprig backen.

 Tipps: Natürlich können Sie auch viele andere Gemüsearten, diverse Kräuter oder Ingwer verwenden. Sollte sich ein Teigrest ergeben, kann dieser gut eingefroren und anderweitig verwendet werden.

Grünkern-Karotten-Auflauf

Grünkern schmeckt pikant und gibt viel Kraft.

für 3 bis 4 Personen

2 Zwiebeln
natives Olivenöl extra
200 g Grünkernschrot (am besten frisch geschrotet)
½ TL Meersalz
frisch gemahlener Pfeffer
1 Messerspitze Currypulver
½ TL edelsüßes Paprikapulver
frisch geriebener Muskat
etwa 300 ml Wasser
4 mittelgroße Karotten
1 Knoblauchzehe
½ Bund frische Petersilie oder mediterrane Kräuter
(zum Beispiel Oregano, Rosmarin, Thymian)

- Die Zwiebeln schälen, klein würfeln und mit Olivenöl in einem Topf anschwitzen. Den grob geschroteten Grünkern zugeben, würzen und mit dem Wasser ablöschen. Die Masse kurz zum Köcheln bringen, dann die Hitzequelle ausschalten und den Topfinhalt auf der ausgeschalteten Platte etwa 30 Minuten quellen lassen. Wichtig ist, immer wieder mal umzurühren und eventuell noch etwas Wasser zuzugeben. Die fertig gequollene Masse soll die Konsistenz eines zähflüssigen Breis haben.
- Inzwischen die Karotten putzen und grob raspeln, den Knoblauch schälen und ebenso wie die Kräuter klein schneiden. Die Karotten mit der gequollenen und etwas abgekühlten Masse vermengen. Ebenso den Knoblauch und die Kräuter zugeben. Zum Verfeinern noch einen Schuss Olivenöl unterrühren.
- Wichtig: Schmecken Sie die Masse kräftig ab. Achten Sie darauf, dass sie jetzt schon gut schmecken muss!
- Dann die Masse gleichmäßig auf einem mit Olivenöl bestrichenen Backblech ausstreichen, mit Olivenöl beträufeln und im vorgeheizten Backofen bei etwa 200 °C (Ober- und Unterhitze) etwa 45 Minuten knusprig braun backen (dieser Auflauf ist kein klassischer Auflauf, sondern eher ein »dünn ausgestrichen Knuspriger«).

Tipps: *Der Grünkernauflauf passt wunderbar zu frischen Salaten oder als Beilage zu Gemüsegerichten. Als schöne Variante kann man Tomatenscheiben auf den Auflauf legen, bevor man ihn in den Ofen schiebt.*

Natürlich können Sie statt Karotten auch andere Gemüsearten verwenden – zum Beispiel Lauch, Kürbis, Knollensellerie, Zucchini, Paprika, Tomaten, Champignons, Blumenkohl ...

Bärlauchkuchen

Würzig buntes Backofengericht mit frischen
Frühlingskräutern und herrlichem Knoblaucharoma

für 2 bis 3 Personen

Teig
300 g frisch gemahlenes Dinkelvollkornmehl
100 g Dinkelmehl Type 1050
1 Würfel frische Hefe
½ TL Meersalz
2 Prisen frisch gemahlener Pfeffer
etwa 100 ml Wasser

Mehl für die Arbeitsfläche
Fett für das Backblech (wir empfehlen dafür reine Pflanzenmargarine)
2 Zwiebeln
natives Olivenöl extra
3 – 4 Karotten
½ – 1 TL Meersalz
frisch gemahlener schwarzer Pfeffer (grob gemahlen)
reichlich frisch geriebener Muskat
1 Prise Currypulver
500 g frischer Bärlauch

- Aus den Zutaten für den Teig einen Hefeteig bereiten (siehe Seite 186) und zugedeckt an einem warmen Ort 60 Minuten gehen lassen. Danach auf der mit etwas Mehl bestäubten Arbeitsfläche in Backblechgröße auswellen und auf ein gefettetes Backblech geben.
- Die Zwiebeln schälen, klein schneiden und in einem großen Topf mit Olivenöl andünsten. Die grob geraspelten Karotten dazugeben und würzen. Etwa 5 Minuten anschwitzen. Dann kommt der gewaschene Bärlauch in den Topf. Alles zusammen bei milder Hitze ein paar Minuten andünsten – so lange, bis der Bärlauch (wie Spinat) zusammenfällt.
- Kräftig würzen und etwas abkühlen lassen. Die Masse (ohne Brühe) gleichmäßig auf dem Teig verteilen und mit etwas Olivenöl beträufeln.
- Den Bärlauchkuchen dann in den auf 200 °C (Ober und Unterhitze) vorgeheizten Backofen schieben und etwa 30 Minuten backen. Vor dem Servieren nochmals mit gutem Olivenöl beträufeln.

Kartoffelgratin

Passt wunderbar als Beilage zu jedem Gemüsegericht

für 2 bis 3 Personen

6 – 8 mittelgroße Kartoffeln
natives Olivenöl extra
1 Zwiebel
2 Knoblauchzehen
etwa ½ TL Meersalz
frisch gemahlener Pfeffer
frisch geriebener Muskat
1 Messerspitze Currypulver
Wasser nach Bedarf

- Die Kartoffeln schälen und in dünne Scheiben schneiden. Die Scheiben dann dachziegelartig in eine gefettete Auflaufform schichten.
- Die geschälte und in Ringe geschnittene Zwiebel sowie den geschälten und grob gehackten Knoblauch darüber verteilen. Mit Salz, Pfeffer, Muskat und der Messerspitze Currypulver würzen.
- Danach so viel Wasser zugeben, dass die untere Hälfte der Kartoffelschicht darin liegt. Mit Olivenöl großzügig beträufeln und im vorgeheizten Backofen bei etwa 200 °C (Ober- und Unterhitze) etwa 45 Minuten knusprig goldbraun backen.

 Tipp: *Sind gegen Ende der Backzeit zwar die Kartoffeln gar, aber ist die Oberfläche noch nicht knusprig, kann man einfach kurz den Grill zuschalten oder nur auf Oberhitze schalten.*

Pikante Kartoffeltorte mit Kräutern der Provence
Sehr gut geeignet für Gäste – begeistert auch (Noch-)Nicht-Veganer

für 4 Personen

100 g getrocknete Tomaten (Pomodori secchi)
Wasser zum Einweichen der Tomaten
1 kg Kartoffeln
2 Zwiebeln
2 Knoblauchzehen
1 TL getrockneter Rosmarin
1 TL frischer oder getrockneter Oregano
½ TL frischer oder getrockneter Thymian
1 TL Meersalz
frisch gemahlener schwarzer Pfeffer
1 Messerspitze Currypulver
frisch geriebener Muskat
150 – 200 ml natives Olivenöl extra
Vollkornsemmelbrösel für die Springform (30 cm Durchmesser)
200 g schwarze Oliven

- Die getrockneten Tomaten 60 Minuten in Wasser einlegen, danach leicht ausdrücken.
- Die Kartoffeln, die Zwiebeln und den Knoblauch schälen. Die Kartoffeln grob in eine Schüssel reiben. Zwiebeln und Knoblauchzehen klein hacken und mit den Kräutern und Gewürzen zu den Kartoffeln geben. Die getrockneten Tomaten klein schneiden und mit der Hälfte des Öls unter die Kartoffelmasse mischen.
- Eine Springform gut ausfetten, mit Semmelbröseln ausstreuen und die Kartoffelmasse hineingeben. Dann die schwarzen Oliven darauf verteilen und leicht in die Masse eindrücken (die Oliven nicht entsteinen).
- Das restliche Öl darübergießen und die Kartoffeltorte im vorgeheizten Backofen bei 200 °C (Ober- und Unterhitze) etwa 60 Minuten backen.
- Die Oberfläche sollte schön knusprig sein. Schalten Sie gegen Ende der Backzeit eventuell noch ein paar Minuten den Grill dazu. Bevor Sie die Torte servieren, lassen Sie diese etwa 5 Minuten abkühlen. So lässt sich alles besser aus der Form lösen. Am besten verwenden Sie dazu einen »Tortenretter«.

Tipps: *Natürlich können Sie auch andere Kräuter und Gewürze verwenden.*

Zur Kartoffeltorte schmecken sehr gut frische Salate, zum Beispiel grüner Salat, Karotten-Sellerie-Salat oder Krautsalat, oder ein Wirsing- oder Rosenkohlgemüse (siehe ab Seite 78 sowie Seite 152 oder Seite 156). Die Torte passt auch sehr gut für ein kalt-warmes Buffet – und schmeckt sogar kalt (was bei einem Buffet gar nicht so unpraktisch ist ...). Sehr zu empfehlen ist sie auch für ein entspanntes Abendessen.

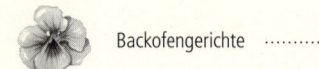

Kartoffelauflauf Kalabrese

Mit Brokkoli, Tomaten und schwarzen Oliven

für 3 bis 4 Personen

500 g vorwiegend festkochende Kartoffeln
1 Brokkoli
500 g reife Cocktailtomaten
etwa 200 g schwarze Oliven
4 Knoblauchzehen
3 große Zwiebeln
1 Bund frische Petersilie
½ – 1 TL Meersalz
frisch gemahlener Pfeffer
1 Prise Currypulver
frisch geriebener Muskat
½ – 1 frische Peperonischote
natives Olivenöl extra
125 ml Weißwein oder Wasser
5 EL Vollkornsemmelbrösel

- Die Kartoffeln schälen, in grobe Stücke schneiden (zum Beispiel vierteln oder achteln) und in eine Schüssel geben. Den Brokkoli in einigermaßen gleichmäßige Röschen zerteilen und mit den halbierten Tomaten hinzufügen. Ebenso die zuvor entsteinten schwarzen Oliven zu den Kartoffeln geben.
- Den Knoblauch und die Zwiebeln schälen, ebenso wie die Petersilie grob zerkleinern und zu den Kartoffeln geben. Dann mit den Gewürzen, der entkernten und sehr fein geschnittenen Peperoni und etwa 100 ml Olivenöl gut vermischen.
- Alles zusammen in eine mit Olivenöl ausgepinselte Auflaufform geben, das Gemüse gleichmäßig mit dem Weißwein oder Wasser begießen und den Auflauf im vorgeheizten Backofen bei 180 °C (Ober- und Unterhitze) mindestens 30 Minuten backen.
- Dann das Gemüse mit Semmelbröseln bestreuen und die Oberfläche mit Olivenöl beträufeln. Anschließend den Auflauf noch etwa 15 weitere Minuten knusprig braun zu Ende garen.

Backofenkartoffeln

Für Kartoffelfans pur, sonst eine gute Beilage für alle Gemüsegerichte und Salate

für 2 bis 3 Personen

1 kg Kartoffeln
kalt gepresstes Sonnenblumenöl oder natives Olivenöl extra
½ TL Meersalz
frisch gemahlener schwarzer Pfeffer
½ TL frischer oder getrockneter Rosmarin oder Thymian

- Die Kartoffeln abbürsten, waschen und halbieren. Mit den Schnittflächen nach unten auf ein mit Öl bestrichenes Backblech setzen, würzen und im auf 200 °C (Ober- und Unterhitze) vorgeheizten Backofen etwa 45 Minuten backen.
- Die fertig gebackenen Kartoffeln sollten goldbraun, außen knusprig und innen weich sein. Stechen Sie zur Probe einfach mit dem Messer in eine Kartoffel hinein.

Gemüse auf Farmers Art

Kartoffeln, Rote Bete, Karotten und Sellerie

für 4 Personen

4 große Karotten
1 Knolle Sellerie
3 Knollen Rote Bete
3 Zwiebeln
5 Knoblauchzehen
1 kg Kartoffeln
natives Olivenöl extra
etwa ½ TL Meersalz
frisch gemahlener schwarzer Pfeffer (grob gemahlen)
etwas frisch geriebener Muskat
frischer oder getrockneter Rosmarin oder Thymian

- Das Gemüse mit Ausnahme der Kartoffeln schälen. Die Kartoffeln abbürsten, waschen, halbieren und mit den Schnittflächen nach unten auf ein mit Olivenöl bestrichenes Backblech legen.
- Dann die Karotten und den Sellerie in etwa gleich große rustikale Stücke und die Zwiebeln in Ringe schneiden. Den Knoblauch grob würfeln. Die Rote Bete in 1 – 1,5 cm dicke Scheiben schneiden und mit den Karotten, dem Sellerie und den Zwiebeln auf das Blech zu den Kartoffeln legen.
- Zum Schluss den Knoblauch gleichmäßig darüber verteilen und die Gewürze und Kräuter darübergeben. Mit etwas Öl beträufeln und im vorgeheizten Backofen bei 200 °C (Ober- und Unterhitze) etwa 45 Minuten backen.

 Tipp: *Das fertig gebackene Gemüse sollte weich sein, wenn Sie mit dem Messer hineinstechen.*

Lauch aus dem Backofen

Festessen mit edel feinem Laucharoma

für 2 Personen

5 Stangen Lauch
150 g reine Pflanzenmargarine
2 EL fein gemahlenes Vollkornmehl
500 ml Wasser
½ TL Meersalz
frisch gemahlener Pfeffer
2 Prisen Currypulver
frisch geriebener Muskat
1 Knoblauchzehe

- Die dunkelgrünen Teile der Lauchstangen abschneiden (sie können später mit einer angeschwitzten Zwiebel, Meersalz, frisch gemahlenem Pfeffer und etwas Currypulver in etwa 20 Minuten gut zu einer Gemüsebrühe gekocht werden). Die Lauchstangen der Länge nach einschneiden, unter fließendem Wasser gut säubern und so zurechtkürzen, dass sie in eine gefettete Auflaufform passen.
- Dann mit etwa 100 g der Margarine, dem Mehl und Wasser eine Mehlschwitze herstellen (siehe Grundrezept für Mehlschwitze, Seite 187). Diese würzen und über die Lauchstangen in die Auflaufform geben.
- Den Knoblauch schälen, klein hacken und ebenso wie die restliche Margarine in Flöckchen auf dem Gericht verteilen. Die Form in den auf 180 °C (Ober- und Unterhitze) vorgeheizten Backofen schieben. Der Lauch muss etwa 45 Minuten garen. Die Oberfläche sollte zum Schluss schön goldgelb gebräunt sein.

 Tipp: Dazu schmecken alle Kartoffelgerichte oder bissfest gegarte Nudeln gut.

Gefüllte Auberginen

Leicht, mediterran – lässt vom Urlaub träumen

für 2 Personen

2 Auberginen
natives Olivenöl extra
3 – 4 Prisen Meersalz
frisch gemahlener Pfeffer
1 Zwiebel
etwa 100 ml Wasser
*   oder 50 ml Weißwein plus 50 ml Wasser*
etwas frisch geriebener Muskat
1 Messerspitze Currypulver
frischer oder getrockneter Thymian
4 Scheiben Vollkornbrot
1 Knoblauchzehe

- Die Auberginen längs halbieren und die Innenseiten mit einem Messer längs einschneiden. Mit Hilfe eines Löffels lässt sich dann das Innere bis auf einen schmalen Rand gut entfernen. Die so ausgehöhlten Auberginenhälften mit etwas Olivenöl bepinseln und mit Salz und Pfeffer würzen. Danach auf einem mit Olivenöl bestrichenen Backblech im vorgeheizten Backofen bei 200 °C (Ober- und Unterhitze) etwa 15 Minuten garen.
- Währenddessen die Zwiebel schälen, klein würfen und in einem Topf in Olivenöl andünsten. Das Fruchtfleisch der Auberginen klein geschnitten in den Topf geben. Mit Salz und Pfeffer würzen und etwa 5 Minuten mit andünsten.
- Dann mit dem Wasser oder der Wasser-Wein-Mischung ablöschen und mit Muskat, Currypulver und ein wenig Thymian würzen. Alles zusammen sollte nun ungefähr 10 Minuten köcheln.

- Danach den Topf von der Hitzequelle nehmen und die Masse mit dem Mixstab zu einer sämigen Sauce pürieren – eventuell noch etwas Wasser zugeben (den Topf zum besseren Pürieren gegebenenfalls leicht schräg halten).
- Das in kleine Würfel geschnittene Brot in einer Pfanne mit reichlich Olivenöl, dem geschälten und klein geschnittenen Knoblauch, zwischen den Fingern verriebenem Thymian und frischem Pfeffer knusprig rösten.
- Die fertig gegarten und ein wenig gebräunten Auberginenhälften aus dem Backofen nehmen und füllen: zuerst das Gemüse und darauf die Brotwürfel. Falls Gemüse oder Brotwürfel übrig bleiben, diese einfach dazu servieren.

 Tipp: Noch frischer wird dieses leichte, mediterrane Gericht mit einer klein gewürfelten Tomate (vorher die Kerne mit dem Löffel entfernen). Die kleinen Würfel werden zum Schluss auf die Brotwürfel gegeben – schon optisch ein Genuss!

Grundrezepte

Nudelteig

Die Zutaten ergeben etwa 900 g Nudelteig.

500 g Hartweizenvollkorngrieß
etwa 370 ml Wasser
1 TL Meersalz

- Aus den Zutaten einen festen Teig kneten. Anschließend nochmals 5 Minuten extra kräftig durchkneten und vor der Verwendung etwa 30 Minuten zugedeckt ruhen lassen.
- Zur Weiterverwendung (zum Beispiel für Lasagne oder andere Nudeln) rollen Sie den Teig auf einer bemehlten Arbeitsplatte 2 – 3 mm dünn aus. Schneiden Sie dann den Teig in der Größe zu, welche Sie benötigen.
- Wenn Sie Nudeln herstellen wollen, mehlen Sie den ausgewellten Teig gut ein, rollen ihn auf und schneiden die beiden Enden der Rolle ab, sodass glatte Abschlüsse entstehen. Mit einem scharfen Messer können Sie nun die Nudeln (quer zur Teigrolle) in der von Ihnen gewünschten Breite von der Rolle schneiden (zum Beispiel für Tagliatelle 0,5 – 1 cm breit, für breite Nudeln 2 – 3 cm breit).

 Tipp: Sollten Sie nicht die ganze Teigmenge benötigen, lässt sich der Teig gut einfrieren.

Hefeteig

Die Zutaten ergeben etwa 700 g Hefeteig.

1 Würfel frische Hefe oder 1 Päckchen Trockenhefe
350 ml lauwarmes Wasser
500 g frisch gemahlenes Vollkornmehl (zum Beispiel Dinkel)
1 TL Meersalz

- Die frische Hefe mit der Hand etwas zerbröseln, in eine Schüssel geben und etwa eine Tasse des lauwarmen Wassers dazugeben. Etwa 15 Minuten stehen lassen. Unter wiederholtem Umrühren löst sich die Hefe auf.
- Das Mehl in eine Schüssel geben und mit dem Salz vermischen, in der Mitte eine Vertiefung eindrücken, die Hefeflüssigkeit mit dem restlichen lauwarmen Wasser hineingeben und die Flüssigkeit mit dem Mehl zu einem glatten Teig verkneten, bis sich der Teig gut von den Händen und der Schüssel löst.
- Möchten Sie mit einem Vorteig arbeiten (was sich bei Teigen mit Vollkornmehl empfiehlt), geben Sie die aufgelöste Hefe in die Vertiefung zum Mehl, verrühren sie mit etwas Mehl zu einem kleinen Teig und lassen diesen abgedeckt an einem warmen Platz etwa 15 Minuten gehen. Danach mit diesem Vorteig, dem restlichen Mehl und Wasser den ganzen Teig wie beschrieben herstellen. Der Teig und das fertige Gebäck bekommen so noch mehr Lockerheit und Luftigkeit.
- Stellen Sie den glatt gekneteten Teig mit einem Tuch zugedeckt an einen warmen Ort (20 – 23 °C) und lassen Sie ihn dort etwa 1 Stunde gehen. Das Volumen des Teiges sollte sich währenddessen etwa verdoppeln.

 Tipp: Wenn Sie für ein Rezept weniger oder mehr als 700 g Hefeteig benötigen, passen Sie bitte die Zutatenmengen für den Hefeteig an: Halbieren Sie zum Beispiel die Mengen, wenn Sie 350 g Teig brauchen. Übriger Teig lässt sich auch sehr gut einfrieren.

Mehlschwitze

Die Zutaten ergeben 500 bis 600 ml Sauce, für 3 bis 4 Personen.

1 Zwiebel
100 ml kalt gepresstes Sonnenblumenöl
2 EL frisch gemahlenes Weizenvollkornmehl (fein gemahlen)
½ – 1 TL Meersalz
frisch gemahlener Pfeffer
1 Prise Currypulver
etwa 500 ml Wasser

- Die Zwiebel schälen, in sehr kleine Würfel schneiden und in etwas Öl an-schwitzen. Dann das restliche Fett, das Mehl und die Gewürze in den Topf geben und mit dem nach und nach zugegebenen Wasser unter ständigem Rühren zu einer sämigen Sauce verrühren. Je nachdem, ob man eine dicke oder dünne Sauce zubereiten möchte, gibt man mehr oder weniger Wasser dazu.
- Nach jeder Wasserzugabe muss die Mehlschwitze immer wieder neu aufkochen, bevor Sie weiter Flüssigkeit zugeben. Das Wasser sollte man eher in zu kleinen als zu großen Mengen zugeben, da schnell Klümpchen entstehen können.
- Die Sauce kann anschließend je nach Gericht gewürzt und weiterverarbeitet werden.

 Tipp: *Sollten sich trotz Vorsicht doch einmal Klümpchen gebildet haben, mischen Sie die Sauce mit dem Pürierstab kräftig auf.*

Tomatensauce

für 2 Personen

1 Zwiebel
natives Olivenöl extra
1 Karotte
500 – 600 g frische, reife Tomaten oder etwa 500 g passierte Tomaten
½ TL Meersalz
frisch gemahlener Pfeffer
etwas frisch geriebener Muskat
3 – 4 Messerspitzen edelsüßes Paprikapulver
1 Prise Currypulver
1 Knoblauchzehe

- Die Zwiebel schälen, klein schneiden und in etwas Olivenöl anschwitzen. Die klein gewürfelte Karotte dazugeben und mitdünsten. Die Tomaten in Stücke schneiden, dabei die Strünke entfernen, und anschließend mit den Gewürzen zur Zwiebel und Karotte geben.
- Die Sauce sollte dann etwa 10 Minuten bei schwacher Hitze köcheln, bevor man sie mit dem Mixstab gut durchpüriert. Die Knoblauchzehe schälen, fein hacken und zuletzt dazugeben. Und schon ist die Tomatensauce fertig!

 Tipp: Legen Sie Wert darauf, eine möglichst homogene Sauce zu erhalten, sollten Sie zusätzlich die Kerne und Häute der Tomaten entfernen. Tomaten lassen sich am besten enthäuten, indem Sie sie mit kochendem Wasser übergießen oder 1 Minute in ein Gefäß mit erhitztem Wasser geben. Die Tomatenhaut lässt sich danach gut mit einem Messer abziehen. Die Kerne entfernen Sie, indem Sie die geschälten Tomaten halbieren und die Kerne dann mit einem Teelöffel herausnehmen.

Die Autoren

Ingrid Neukert, Jahrgang 1953, und Alexander Neukert, Jahrgang 1969.

Lebensqualität, Kreativität und Gesundheit gehören für die Neukerts fest zusammen. Die vegane Ernährung erfüllt für sie beide seit 17 Jahren genau diese drei Qualitäten. Denn man ist, was man isst!

Begeistert gibt das Autorenehepaar seit 20 Jahren sein Wissen und Können in den Bereichen energetische Heilung, Persönlichkeitsentwicklung und Homöopathie weiter. Im eigenen Stoa-Institut in Bad Herrenalb-Rotensol finden Seminare rund um die Gesundheit statt (www.stoa-institut.de).

Zum Weiterlesen

- Barkawitz, Suzanne: **Vegan genießen,** pala-verlag

- Diamond, Harvey und Marilyn: **Fit fürs Leben: Fit for Life,** Goldmann Verlag

- Eckstein, Angelika: **Vegan backen,** pala-verlag

- Grimm, Hans-Ulrich: **Alles Bio oder was?,** Hirzel Verlag

- Grimm, Hans-Ulrich: **Die Ernährungslüge,** Knaur Verlag

- Grimm, Hans-Ulrich: **Die Suppe lügt,** Knaur Verlag

- Gutjahr, Ilse und Richter, Erika: **Streicheleinheiten. Von der Kunst, schmackhafte Brotaufstriche zu zaubern,** emu-Verlag

- Kreutzberger, Stefan und Thurn, Valentin: **Die Essensvernichter,** Verlag Kiepenheuer & Witsch

- Kügler-Anger, Heike: **Frisch aufgegabelt – Nudeln vegan,** pala-verlag

- Neukert, Alexander und Ingrid: **30 leckere Brotaufstriche,** Eigenverlag

- Sandler Dr. med, Benjamin und Bruker Dr. med., M. O.: **Vollwerternährung schützt vor Viruserkrankungen,** emu-Verlag

- Walker Dr., W. Norman: **Auch Sie können wieder jünger werden,** Goldmann Verlag

- Yeager, Selene: **Das Ärztebuch der Heilkraft unserer Lebensmittel,** Bechtermünz Verlag

Rezeptindex

Wir engagieren uns noch stärker für den Klimaschutz!

Seit mehr als 15 Jahren drucken wir unsere Bücher weitestgehend auf Recyclingpapier und versuchen damit, eine ressourcenschonende und umweltfreundliche Buchproduktion zu ermöglichen.

In den letzten Jahren ist der Klimawandel mit seinen weitreichenden Folgen für uns und vor allem unsere nachfolgenden Generationen immer mehr zum Thema geworden. Die Auswirkungen sind bereits jetzt spürbar – Wetterextreme, sich verschiebende Jahreszeiten, Erderwärmung. Auch wenn diese Entwicklungen nicht mehr völlig aufzuhalten sind, müssen wir – auch als Verlag – aktiv werden.

Die *freiburger graphische betriebe,* die Druckerei, in der unsere Bücher produziert werden, beteiligen sich an der Klimainitiative der Druck- und Medienverbände Deutschland und bieten die Möglichkeit, Buchproduktionen klimaneutral herstellen zu lassen. »Klimaneutral« bedeutet den Ausgleich von Treibhausgasen bzw. die Neutralisation durch die Einsparung einer bestimmten CO_2-Menge an anderer Stelle. Da die Wirkungen des Treibhauseffektes global schädigen, ist es irrelevant, an welchem Ort der Welt Emissionen entstehen und wo sie dann letztendlich eingespart werden. Der gesamte Prozess des Ausgleiches von Treibhausgasen basiert auf dem Kyoto-Protokoll von 1997.

Wir haben nun die Möglichkeit, für jedes Druckprodukt den genauen Wert des CO_2-Ausstoßes, der auf den Produktionsprozess in der Druckerei und deren Materialeinsatz zurückzuführen ist, zu ermitteln. Mit Hilfe eines vom Bundesverband der deutschen Druckindustrie entwickelten Rechners, mit dem viele Faktoren erfasst werden – Energieverbrauch, Farbe, Papier, Transportwege oder Einsatz von Personal – wird am Ende der Buchproduktion ein Wert ermittelt, der die relevante Wertschöpfungskette für die technische Herstellung des Buchs umfasst und den durch die Produktion verursachten CO_2-Ausstoß nachweist.

Für diesen Wert bezahlen wir als Verlag einen Ausgleich, der dann in anerkannte und zertifizierte Klimaschutzprojekte fließt. Die Zertifizierung erfolgt durch die Organisation firstclimate (www.firstclimate.com) und wird durch das Logo »Print CO_2 kompensiert« angezeigt.

Die aus dem Druck dieses Buchs resultierende Klimaabgabe fließt in ein Windparkprojekt in der Marmara-Region in der Türkei.

Das Projektgebiet liegt in der Marmara-Region an einem Höhenrücken etwa 350 m über Meereshöhe, nahe der Dörfer Elbasan und Çatalca unweit Istanbuls. Im Rahmen des Projekts werden 20 Windenergieanlagen mit einer Nennleistung von je 3 MW errichtet.

Vegan genießen

Heike Kügler-Anger:
Frisch aufgegabelt – Nudeln vegan
ISBN: 978-3-89566-281-2

Heike Kügler-Anger:
Vegan grillen
ISBN: 978-3-89566-302-4

Heike Kügler-Anger:
Käse veganese
ISBN: 978-3-89566-237-9

Angelika Eckstein:
Vegan backen
ISBN: 978-3-89566-239-3

Vegane Köstlichkeiten aus nah und fern

Suzanne Barkawitz:
Vegan genießen
ISBN: 978-3-89566-266-9

Heike Kügler-Anger:
Vive la Provence!
ISBN: 978-3-89566-306-2

Heike Kügler-Anger:
Cucina vegana
ISBN: 978-3-89566-247-8

Abla Maalouf-Tamer:
**Vegane Köstlichkeiten –
libanesisch**
ISBN: 978-3-89566-284-3

Weitere Bücher aus dem pala-verlag

Petra Skibbe und Joachim Skibbe:
Toscana vegetariana
ISBN: 978-3-89566-278-2

Irmela Erckenbrecht:
Querbeet
ISBN: 978-3-89566-279-9

Heike Kügler-Anger:
Vegetarisches aus der Klosterküche
ISBN: 978-3-89566-286-7

Petra Müller-Jani und Joachim Skibbe:
**Ayurveda –
Die Kunst des Kochens**
ISBN: 978-3-89566-307-9

Gesamtverzeichnis bei:
pala-verlag, Rheinstraße 35, 64283 Darmstadt, www.pala-verlag.de

ISBN: 978-3-89566-305-5
© 2012: pala-verlag
Rheinstraße 35, 64283 Darmstadt
www.pala-verlag.de

Umschlag- und Innenillustrationen: Karin Bauer
www.karin-bauer.com

Lektorat: Angelika Eckstein

Druck und Bindung: fgb • freiburger graphische betriebe
www.fgb.de
Printed in Germany

Dieses Buch ist auf Papier aus
100 % Recyclingmaterial gedruckt
und klimaneutral produziert.